VERÖFFENTLICHUNGEN
DES FORSCHUNGSINSTITUTS FÜR WIRTSCHAFTSPOLITIK
AN DER UNIVERSITÄT MAINZ

Band 43

Das Forschungsinstitut für Wirtschaftspolitik an der Universität Mainz hat ein doppeltes Ziel: Es möchte die Grundlagen der Ordnung der Wirtschaft — Geld, Eigentum und Wettbewerb — untersuchen und hofft, Verbesserungen der geltenden Ordnung vorschlagen zu können. Daneben will das Institut von dem gewonnenen Standpunkt aus zu aktuellen Spezialfragen der Wirtschaftspolitik Stellung nehmen. Es dient weder Interessenten noch Interessentenorganisationen. Die Ergebnisse der wissenschaftlichen Arbeit des Instituts einem breiteren Kreis zugänglich zu machen, ist der Sinn dieser Schriftenreihe.

ÖFFENTLICHE INVESTITIONEN

Ein Begriff im Spannungsfeld von Theorie und Politik

von

Dr. BARBARA TOILLIÉ

DUNCKER & HUMBLOT · BERLIN

Gedruckt 1980 bei Buchdruckerei Bruno Luck, Berlin 65
Printed in Germany
ISBN 3 428 04747 8

Inhaltsverzeichnis

1 Einleitung

1.1 Zu Anlaß und Aufbau der Studie

Fester Bestandteil parlamentarischer Grundsatzdebatten ist die kritische Würdigung der Investitionsquote im öffentlichen Haushalt, das heißt des vorgesehenen Anteils der Aufwendungen für öffentliche Investitionen und Investitionsförderungsmaßnahmen am Gesamtetat. Ist die Investitionsquote im Vergleich zum Vorjahr gestiegen, so lobt die Regierung die „verbesserte Haushaltsstruktur", ist sie gesunken, so beklagt die Opposition diese „Verschlechterung" und fordert eine stärkere öffentliche Investitionstätigkeit, die durch Einsparungen bei den kosumtiven Ausgaben zu finanzieren sei[1]. In den Kommentaren dazu wird implizit unterstellt, Ausgaben für öffentliche Investitionen seien grundsätzlich positiv zu bewerten, Staatsverbrauch dagegen negativ, ja weitgehend der Verschwendung verdächtig.

Angesichts der Aufmerksamkeit, die der Investitionsquote beigemessen wird, nimmt es nicht wunder, daß auch ihre Berechnung aufmerksam verfolgt wird. So hat die Opposition dem Finanzminister in der Haushaltsdebatte zum Bundeshaushalt 1978 „Manipulation" vorgeworfen. Die Investitionsquote sei erhöht worden, indem in früheren Jahren als Staatsverbrauch verbuchte Ausgaben nun den Investitionen zugerechnet worden seien. Der Finanzminister nannte auf eine Kleine Anfrage der Opposition die betroffenen Haushaltsansätze und Beträge — so waren zum Beispiel in drei Fällen früher einheitliche Ansätze in Zuweisungen für laufende Zwecke und Zuweisungen für Investitionen aufgespalten worden, was ein Plus von 130 Mio DM bei den Investitionen ergab — und begründete die Umbuchungen[2].

---

[1] Vgl. den Auszug aus der Parlamentsdebatte, abgedruckt in: Das Parlament vom 25. 1. 1978, vor allem S. 9, und o. V. „Streit um stärkere Haushaltskürzungen. Die Opposition verlangt Entziehungskur", in: Frankfurter Allgemeine Zeitung vom 4. 3. 1977.

[2] Vgl. Antwort der Bundesregierung auf die Kleine Anfrage der Abgeordneten Strauß, Dr. Häfele, Windelen, Haase (Kassel) und der Fraktion der CDU/CSU (Drucksache 8/1117) in Bundestagsdrucksache 8/1224.

Besonderes Augenmerk fällt auch dann auf die öffentlichen Investitionen, wenn die Staatsverschuldung ein Ausmaß erreicht, das sie in die Nähe der verfassungsrechtlichen Verschuldungsgrenze rückt, oder wenn sie diese gar übersteigt[3]. Artikel 115 GG bestimmt, daß die Neuverschuldung des Staates nicht größer sein darf, als „die Summe der im Haushaltsplan veranschlagten Ausgaben für Investitionen". Ausnahmen sind nur zulässig zur Abwehr einer Störung des gesamtwirtschaftlichen Gleichgewichts.

Daß die öffentlichen Investitionen unter allen genannten Gesichtspunkten in den Mittelpunkt der aktuellen Diskussion gerückt sind, ist Anlaß zu prüfen, was öffentliche Investitionen sind. Wie unterscheiden sie sich von anderen öffentlichen Ausgaben, und nach welchen Kriterien lassen sich öffentliche Ausgaben den Investitionen oder dem Staatsverbrauch zuordnen?

Es ist — und das soll an dieser Stelle schon ausdrücklich klargestellt werden — nicht Gegenstand der Studie festzustellen, ob und inwieweit die Bindung der öffentlichen Neuverschuldung an die Investitionsausgaben als „Finanzierungsgrundsatz" ökonomisch berechtigt ist oder ob es einer solchen Bindung bedarf. Artikel 115 GG soll hier nicht erörtert werden. Selbst wenn diese Untersuchung zu einer anderen Abgrenzung der öffentlichen Investitionen aus wachstumspolitischer Sicht kommen sollte, als derjenigen, die die Haushaltssystematik gebraucht, wäre damit noch keine Aussage über die Grenzen der öffentlichen Verschuldung verbunden. Diese zu bestimmen, setzte die Berücksichtigung zahlreicher zusätzlicher Gesichtspunkte voraus[4]. In der vorliegenden Untersuchung geht es dagegen allein um die Aufgabe, eine Definition des Begriffs „öffentliche Investitionen" zu finden.

---

[3] Die geplante Neuverschuldung im Haushaltsjahr 1978 lag mit rund 31 Mrd. DM um 2 Mrd. über der Summe von öffentlichen Investitionen und Ausgaben zur Förderung privater Investitionen. Vgl. o. V., „Auseinandersetzung über die Neuverschuldung des Bundes", in: Frankfurter Allgemeine Zeitung vom 25. 1. 1978 und o. V., „Staatsverschuldung als beherrschendes Thema der Haushaltsdebatte", in: Frankfurter Allgemeine Zeitung vom 26. 1. 1978.

[4] Vgl. Ziffzer, Stefan, Ökonomische Grenzen der staatlichen Kreditaufnahme, Berlin 1980.

Definitionen sind abhängig vom Zweck der Untersuchung; sie richten sich danach, was mit Hilfe der zu gewinnenden Abgrenzung und Begriffsbestimmung erfaßt werden soll. Grundelemente der Investition sind Vermögenszugang und Zukunftswirkung. Der Investitionsbegriff soll deshalb vor allem dem *Vermögensrechnungszweck* und dem *wachstumspolitischen Zweck* gerecht werden. Da öffentliche Investitionen als geeignete Manövriermasse in der Konjunkturpolitik gelten, kommt der *stabilitätspolitische Zweck* hinzu.

Diese Zweckbestimmungen liefern zugleich die Hauptkriterien für eine Abgrenzung des Investitionsbegriffs. Das Schwergewicht liegt dabei auf den beiden ersten. Das hat mehrere Gründe: Zum einen werden die öffentlichen Investitionen nicht zuletzt wegen ihrer Eigenschaften, aus denen die beiden ersten Zweckbestimmungen abgeleitet werden können, als geeignetes Mittel der Konjunkturpolitik angesehen, das heißt, der dritte Punkt ist in den beiden ersten zum Teil enthalten. Zum zweiten werden die öffentlichen Investitionen zwar häufig zu konjunkturpolitischen Zwecken eingesetzt, weil sie als relativ flexibler Ausgabenteil gelten[5], aber die konjunkturelle Wirkung hängt nicht primär von der *Struktur* des Haushalts, sondern von seinem Gesamtvolumen ab[6]. Und drittens besteht keineswegs Einigkeit darüber, ob Konjunkturpolitik mit Hilfe öffentlicher Investitionen gestaltet oder ob diese eher verstetigt und an den Aufgaben orientiert werden sollten[7]. Die Untersuchung konzentriert sich daher auf den Vermögensrechnungs- und den wachstumspolitischen Zweck des Investitionsbegriffs, die somit die Gliederung der Arbeit bestimmen und die Grundlage von zwei Hauptabschnitten bilden.

Zunächst wird jedoch ein Überblick über die Definitionen und Abgrenzungen gegeben, die in der Praxis zu finden sind.

---

[5] Vgl. dazu Ewringmann, Dieter, Die Flexibilität öffentlicher Ausgaben, Kommission für wirtschaftlichen und sozialen Wandel Bd. 81, Göttingen 1975.

[6] Vgl. Pfleiderer, Otto, Das Verhältnis von Geld- und Finanzpolitik, in: Haller, Heinz / Albers, Willi, Probleme der Staatsverschuldung, Schriften des Vereins für Socialpolitik NF Bd. 61, Berlin 1972, S. 11.

[7] Vgl. für andere Schmitz, Wolfgang, Die antizyklische Konjunkturpolitik — eine Illusion, Frankfurt/Main 1976.

Es sind diejenigen, mit denen die Haushaltssystematiken von Bund, Ländern und Gemeinden arbeiten, und diejenigen der Statistik. Zweck dieser „Bestandsaufnahme" ist es zu prüfen, ob die vorgefundenen Begriffsbestimmungen den Erklärungszwecken genügen.

Der darauf folgende Abschnitt gilt der Frage, mit welchem Investitionsbegriff die Betriebswirtschaftslehre arbeitet. Es wird versucht, aus den dort zu findenden Begriffsbestimmungen Anhaltspunkte für die Abgrenzung der öffentlichen Investitionen abzuleiten, Gemeinsamkeiten und Unterschiede festzustellen. Auf der Grundlage der dabei gewonnenen Ergebnisse wird in den anschließenden Abschnitten der Studie geprüft, ob sich aus dem Vermögensrechnungszweck einerseits oder mit Hilfe von Kriterien, die den wachstumspolitischen Zweck umschreiben, andererseits eine Definition der öffentlichen Investitionen finden läßt.

1.2 Zur Vielschichtigkeit der Definitionsaufgabe

Mit der Investition beziehungsweise dem Investitionsbegriff ist zum einen ein Zuwachs zum Vermögen verbunden, zum anderen eine positive Auswirkung auf die Zukunft[8]; bei *öffentlichen* Investitionen auf die zukünftige wirtschaftliche Entwicklung. Im allgemeinen wird die positive Wirkung auf das Wirtschaftswachstum bezogen; wachstumsfördernde Wirkung und Zukunftswirkung sind nahezu identisch gebrauchte Begriffe.

Wenn nun jeder Vermögenszugang mit Wachstumswirkungen verbunden wäre und andererseits jede zukunftswirksame Ausgabe einen Vermögenszuwachs bewirkte, wenn beide Elemente der Investition also stets gemeinsam aufträten, ließe sich die Definitionsaufgabe vereinfachen. In diesem Fall

---

[8] Meist wird nur von „Zukunftswirkungen" gesprochen. Das ist insofern unscharf, als *alle* Ausgaben sich in irgendeiner Weise auf die Zukunft auswirken. Gemeint sind in der Regel *positive* Wirkungen auf die wirtschaftliche Entwicklung. Vgl. Bundesministerium für Wirtschaft und Finanzen (Hrsg.), Gutachten zur Finanzierung eines höheren Staatsanteils am Sozialprodukt, erstattet vom Finanzwissenschaftlichen Beirat beim Bundesministerium für Wirtschaft und Finanzen, Bonn 1972.

beschränkte sie sich auf die bekannten Schwierigkeiten, den Vermögensbegriff zu bestimmen. Aber die Dinge liegen komplizierter.

— Es gibt Ausgaben, die zu einem Vermögenszugang führen, aber keine Wachstumswirkungen haben.

  Die Stadtväter, die einen Springbrunnen vor dem Rathaus aufstellen lassen, erhöhen damit zwar das öffentliche (städtische) Vermögen, Wachstumswirkungen entstehen dagegen nicht — es sei denn, man wolle unterstellen, daß die an dem neuen Brunnen vorübergehenden Bürger von seinem Anblick so beschwingt und fröhlich würden, daß sie produktiver arbeiteten als früher[9].

— Auf der anderen Seite gibt es zukunftswirksame Ausgaben, die keinen Einfluß auf das öffentliche Vermögen haben. Dazu gehören beispielsweise die Personalausgaben im Bildungs- und Gesundheitswesen.

— Schließlich gibt es zukunftswirksame Ausgaben, die das öffentliche Vermögen nicht berühren, aber mit einem Zuwachs zum *privaten* Vermögen verknüpft sind. Bei öffentlichen Ausgaben zur Förderung von Investitionen Dritter fällt der Vermögenszuwachs aus der Investition den privaten Empfängern zu.

Die folgende Abbildung soll noch einmal verdeutlichen, daß Vermögens- und Wachstumseffekt von Investitionen nicht immer gemeinsam auftreten. Die Kreise wurden gleich groß gezeichnet, weil nicht angegeben werden kann, wie viele Ausgabearten nur je eine oder beide Wirkungen aufweisen. Diejenigen Ausgaben, die einen Zugang zum privaten Vermögen bewirken, *ohne* mit Zukunftswirkungen verbunden zu sein — in der Abbildung rechts unten —, sind Transferausgaben, die beim Empfänger nicht zu Investitionen führen. Auf ihre Abgrenzung von den Investitionsförderungsmaßnahmen wird später genauer einzugehen sein.

Angesichts des teilweisen Auseinanderfallens von Vermögenswirkung und Wachstumswirkung stellt sich die Frage,

---

[9] Das Brunnenbeispiel fiel in einem Gespräch mit dem Stadtkämmerer von Nürnberg, Dr. Hans Schmitz.

ob *ein* Investitionsbegriff für den Vermögensrechnungszweck und den wachstumspolitischen Zweck gleichermaßen anwendbar ist. Denn wenn eine Definition mehreren unterschiedlichen Zwecken gerecht werden soll, besteht die Gefahr, daß sie notgedrungen so weit gefaßt wird, daß ihr Wert für jeden einzelnen der Zwecke abnimmt.

Abbildung 1

Die Grundelemente des Investitionsbegriffs

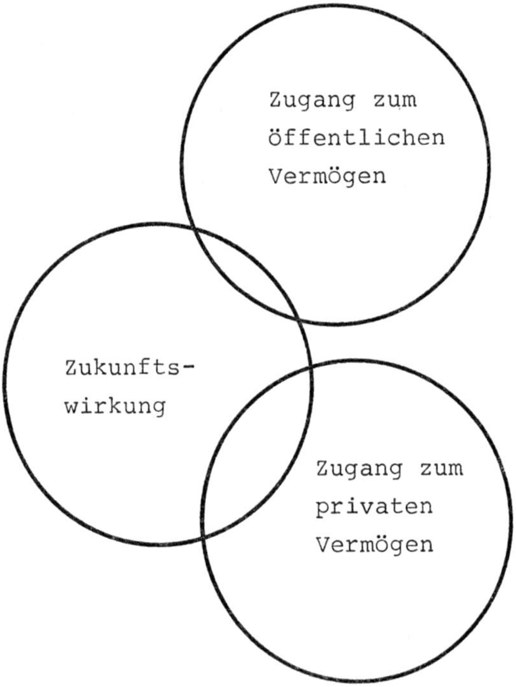

Aus einer anderen Quelle erwachsen der Definitionsaufgabe weitere Schwierigkeiten, nämlich aus einem grundlegenden Unterschied zum einzelwirtschaftlichen Investitionsbegriff.

Der einzelwirtschaftliche, betriebliche Investitionsbegriff bezieht sich — wie verschieden er auch im einzelnen ausgelegt werden mag — stets auf Produktionsfaktoren im weiteren Sinne, die im Produktions- und/oder Absatzprozeß eingesetzt werden. Analog dazu gibt es Aufwendungen des „Unternehmens" Staat für Produktionsfaktoren, die es zur Herstellung öffentlicher Güter und Dienstleistungen benötigt. Dazu gehören EDV-Anlagen für die Verwaltung ebenso wie zum Beispiel Schneepflüge oder Straßenreinigungsmaschinen für den städtischen Fuhrpark. Wenn Kritiker des bestehenden (haushaltsrechtlichen) Investitionsbegriffs darauf hinweisen, daß zum Beispiel Bildungsausgaben des Staates eine öffentliche Investition darstellten und als solche klassifiziert werden müßten, dann weiten sie den Investitionsbegriff auf ein Gebiet aus, auf dem er in der Einzelwirtschaft nicht verwendet wird: Hier bezeichnet der Begriff öffentliche Investitionen nicht nur Produktionsmittel des Staates zum internen Gebrauch, sondern auch einzelne produzierte Leistungen, also Teile des Outputs selbst. Diesen Leistungen ist gemeinsam, daß sie Voraussetzung für die private Wirtschaftstätigkeit sind und/oder als Vorprodukt in diese eingehen. Dadurch liegt in ihnen die eigentliche Wachstumswirkung, die als Charakteristikum der Investition angesehen wird. Während der betriebliche Investitionsbegriff also „innengerichtet", das heißt auf den Herstellungsprozeß *innerhalb* des Unternehmens bezogen ist, erstreckte sich der Begriff der öffentlichen

Abbildung 2

Der Geltungsbereich des einzelwirtschaftlichen und des öffentlichen Investitionsbegriffs

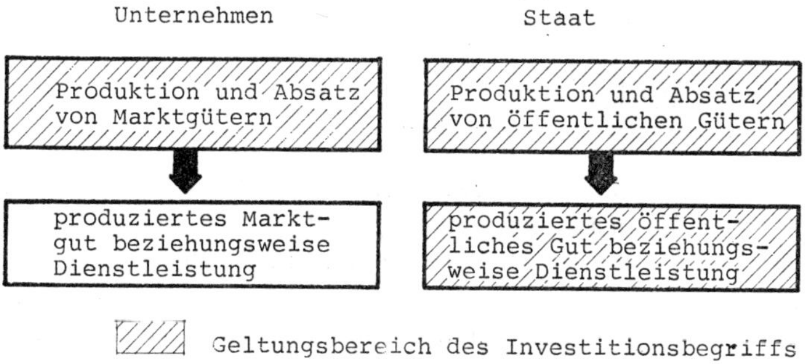

Investition sowohl auf innengerichtete Vorgänge als auch auf das „außengerichtete" Ergebnis staatlicher Tätigkeit (vgl. Abbildung 2). Es wird zu prüfen sein, ob und inwieweit diese „außengerichteten Investitionen" in die Abgrenzung öffentlicher Investitionen einbezogen werden können und müssen.

Verbindet man diese Unterscheidung mit den beiden Kriterien Zukunftswirkung und Vermögenszugang, so zeigt sich deutlich, daß die Hauptschwierigkeiten der Definition öffentlicher Investitionen in diesem „außengerichteten" Teil liegen. Grob gegliedert ergibt sich folgender Zusammenhang:

a) „innengerichtete" Investition

	Zukunftswirkung ja	Zukunftswirkung nein
Vermögenszugang zum öffentlichen Vermögen		×
zum privaten Vermögen		

b) „außengerichtete" Investition

	Zukunftswirkung ja	Zukunftswirkung nein
Vermögenszugang zum öffentlichen Vermögen	×	×
zum privaten Vermögen	×	

Das bedeutet: die Investition des „Unternehmens" Staat in Produktionsfaktoren zur Herstellung öffentlicher Güter bewirkt in der Regel einen Zugang zum öffentlichen Vermögen (zum Beispiel Kauf eines Computers für das Bundeskriminalamt). Wachstumswirkungen gehen aber nicht von dieser Investition selbst, sondern von der mit ihrer Hilfe produzierten Leistung aus. Die „außengerichtete" öffentliche Investition kann das öffentliche Vermögen erhöhen und Zukunftswirkungen haben (Bundesstraßen werden als Vermögensbestandteil genannt, sind zugleich als Teil der Infrastruktur wachstumswirksam), sie kann das öffentliche Vermögen erhöhen, ohne mit Zukunftswirkungen verbunden zu sein (zum Beispiel der oben geschilderte Brunnen), und sie kann das private Vermögen erhöhen und wachstumswirksam sein (zum Beispiel — effiziente — Forschungsförderung).

Als letzte wesentliche Schwierigkeit der Definitionsaufgabe ist die Notwendigkeit zu nennen, zu eindeutigen, schematisierten, nachvollziehbaren und auf alle Fälle anwendbaren Abgrenzungskriterien und Bewertungsgrundsätzen zu gelangen.

Und schließlich bildet die Verfügbarkeit von Daten eine Restriktion, die es zu beachten gilt, wenn die Operationalität der Definition gewährleistet werden soll.

Dieser erste Überblick über die grundlegenden Schwierigkeiten, den Investitionsbegriff zu bestimmen, zeigt die Vielschichtigkeit der dabei entstehenden Fragen. Die Verfasserin erhebt nicht den Anspruch, sie alle in der vorliegenden Studie zu beantworten. Vielleicht aber können die hier diskutierten Teilaspekte Anregungen für eine weitere, vertiefte Diskussion geben.

Die Arbeit wurde im Sommer 1979 abgeschlossen.

2 Bestandsaufnahme: die derzeitige Abgrenzung der öffentlichen Investitionen im Haushaltsrecht und in der Statistik

2.1 Der Investitionsbegriff im Haushaltsrecht des Bundes

2.1.1 Zur haushaltsrechtlichen Definition der Investitionen

Ausgaben für öffentliche Investitionen sind Bestandteil der Haushaltspläne. Wer nach einer Definition des Investitionsbegriffs sucht, wird die Bundeshaushaltsordnung (BHO) jedoch vergeblich danach durchsehen. Der Gesetzgeber hat sich seinerzeit nicht zu einer inhaltlichen Festlegung des Begriffs entschließen können. So berichtete der Abgeordnete Dr. Althammer dem Parlament über die Ergebnisse der Beratungen zur Haushaltsreform im Bundeshaushaltsausschuß, der Ausschuß habe von einer Legaldefinition des Begriffs Investitionen abgesehen. „Er war sich aber darüber einig, daß dieser Begriff eng zu fassen sei[1]."

In der Begründung zum Regierungsentwurf heißt es, wenig operational: Unter Ausgaben für Investitionen sind solche Ausgaben zu verstehen, die bei makro-ökonomischer Betrachtung die Produktionsmittel der Volkswirtschaft erhalten, vermehren oder verbessern[2].

Etwas konkreter sind die Zuordnungsrichtlinien (ZOR) zum Gruppierungsplan für den Bundeshaushalt, HGr 8[3]. In ihnen

---

[1] Bericht des Abgeordneten Dr. Althammer vom Bundeshaushaltsausschuß, in: Bundestagsdrucksache V 4378/79, S. 11.

[2] Regierungsentwurf Begründung (TZ 134), zitiert bei Piduch, Erwin, Kommentar zum Bundeshaushaltsrecht, Art. 115 GG, Randnummer 29.

Kitterer kommentiert diesen Satz: „Die Frage nach einer sinnvollen Abgrenzung ist damit noch keineswegs beantwortet." Kitterer, Wolfgang, Die Problematik der Objektbezogenheit des öffentlichen Kredits nach Art. 115 Abs. 1 GG: Zur gegensätzlichen Position von Rechts- und Finanzwissenschaft, in: Die Öffentliche Verwaltung, 1-2/1975, S. 27.

[3] Der Gruppierungsplan unterteilt in „Hauptgruppen" (HGr), die durch eine Ziffer gekennzeichnet sind, „Obergruppen" (OGr) mit 2 Ziffern und „Gruppen" (Gr) mit 3 Ziffern.

Beispiel:

Hauptgruppe	4	Personalausgaben
Obergruppe	42	Dienstbezüge und dergleichen

findet sich folgende Definition, die auch in die Richtlinien einiger Bundesländer (zum Beispiel Rheinland-Pfalz) in gleichem Wortlaut aufgenommen wurde: „Investitionen sind Käufe und die Selbsterstellung (Bauten) dauerhafter unbeweglicher und beweglicher Sachen (die grundsätzlich in der Vermögensrechnung — soweit angeordnet — erfaßt oder bei deren Fehlen in Bestands- und Güterverzeichnissen aktiviert sind) mit dem Ziel, die Produktion von Leistungen und Gütern und damit die Verbrauchsmöglichkeiten in einem späteren Zeitpunkt zu steigern[4]."

In den „Allgemeine(n) Hinweise(n) zum Gruppierungsplan und zum Funktionenplan" wird ausgeführt, die Ausgaben für Investitionen würden „wegen der überragenden finanz- und wirtschaftspolitischen Bedeutung" in besonderen Gruppen zusammengefaßt. Es folgt die „Definition" aus dem Regierungsentwurf, und dann heißt es sehr konkret: „Nach dem neuen Gruppierungsplan zählen dazu:

Hauptgruppe	7	Baumaßnahmen
Hauptgruppe	8	Sonstige Ausgaben für Investitionen und Investitionsförderungsmaßnahmen
	81	Erwerb von beweglichen Sachen
	82	Erwerb von unbeweglichen Sachen
	83	Erwerb von Beteiligungen und dergleichen
	85	Darlehen an öffentlichen Bereich
	86	Darlehen an sonstige Bereiche
	87	Anspruch auf Gewährleistungen
	88	Zuweisungen für Investitionen an öffentlichen Bereich
	89	Zuschüsse für Investitionen an sonstige Bereiche"[5].

Aus der globalen Umschreibung ist eine Aufzählung geworden, ein enumerativer Investitionsbegriff, der recht unterschiedliche Tatbestände zusammenfaßt.

Gruppe 421 Bezüge des Bundespräsidenten, Bundeskanzlers, Ministerpräsidenten, Ministers, Verkehrsbeauftragten, Parlamentarischen Staatssekretärs.

[4] Patzig, Werner / Traber, Theo, Haushaltsrecht des Bundes und der Länder, Bd. 2, Köln, Berlin, Bonn, München 1970, D/33.

[5] Patzig, Werner / Traber, Theo, B/4 und B/5. Zuwendungen ist der Oberbegriff für Zuweisungen, Zuschüsse und Darlehen. Zuweisungen sind Übertragungen von Finanzmitteln innerhalb des öffentlichen Sektors, Zuschüsse Übertragungen vom öffentlichen Sektor an die „sonstigen Bereiche" und umgekehrt.

2.1.2 Zu Einzelheiten der Abgrenzung

a) Baumaßnahmen

„Baumaßnahme ist die Herstellung von mit dem Boden festverbundenen Anlagen durch die baugewerbliche Produktion[6]." Nicht zu den (Bau-)Investitionen rechnen nach internationaler Vereinbarung die Bauten für militärische Zwecke. Das gleiche gilt für den Erwerb beweglicher und unbeweglicher Sachen im militärischen Bereich. Alle diese Ausgaben werden als sächliche Verwaltungsausgaben in den Gruppen 555—559 ausgewiesen.

„Kleine" Baumaßnahmen, d. h. Neu-, Um- und Erweiterungsbauten bis zu DM 150 000 werden in einem Festtitel zusammengefaßt. Baumaßnahmen, die diese Wertgrenze überschreiten, müssen einzeln veranschlagt werden. Die laufende Unterhaltung von Gebäuden und Grundstücken gilt als Verwaltungsausgabe und wird deshalb in HGr 5 verbucht[7].

Die Zuordnungsrichtlinien zum Gruppierungsplan definieren — siehe oben — ausdrücklich den Begriff „Baumaßnahme" und nennen die einbezogenen Bereiche Hochbau, Bauingenieurwesen, Wasserwesen, Eisenbahnwesen, Straßenbauwesen und Landespflege.

Als Baukosten dem einzelnen Projekt zuzurechnen sind:

„— Rohbau und Ausbau wie Innen- und Außenanstrich, Glasarbeiten, Tischlerarbeiten

— alle dauerhaften Einbauten und Ausstattungen, die normalerweise vor dem Bezug oder der Ingebrauchnahme installiert werden wie zum Beispiel Öfen, Herde, Zentralheizung, Gasleitung, elektrische Anlagen

— alle dauerhaften und unbeweglichen Ausstattungen, die ein wesentlicher Bestandteil dieser Bauten sind,

— alle Baunebenkosten, wie Kosten für Leistungen von Architekten und Ingenieuren, Kosten von Behördenleistungen, Kosten für Grundsteinlegung, Richtfest usw".[8]

---

6 Patzig, Werner / Traber, Theo, D/33.

7 „Laufende Unterhaltung sind Maßnahmen, die keine erhebliche Veränderung der Grundstücke und Gebäude in ihrem Bestand zur Folge haben." Patzig, Werner / Traber, Theo, D/23.

Betriebsmittelzuweisungen des Bundes an Länder, denen im Zusammenhang mit Baumaßnahmen des Bundes Ausgaben entstehen (zum Beispiel beim Bau von Bundesstraßen- oder Bundesautobahnteilstrecken), werden nicht als Zahlungen zwischen Gebietskörperschaften verbucht, sondern erscheinen im Bundeshaushalt als unmittelbare Ausgabe unter der jeweiligen Ausgabeart (in diesem Beispiel in Obergruppen 75—79 Tiefbau)[9].

b) Sonstige Ausgaben für Investitionen

In Obergruppe 81, „Beschaffung von beweglichen Sachen", werden nur Käufe erfaßt, die im Einzelfall DM 10 000 und mehr betragen. Alle geringerwertigen Anschaffungen werden als sächliche Verwaltungsausgaben verbucht. Bei Sammelbeschaffungen kann von einer Zuordnung zu den Investitionsausgaben abgesehen werden, wenn es sich um Gebrauchsgegenstände des laufenden Bedarfs handelt und der Einzelpreis unter DM 10 000 liegt.

Für den Kauf von Fahrzeugen aller Art (einschließlich Booten, Flugzeugen etc.) gilt keine Wertgrenze; sie werden in jedem Fall zu den Investitionen gerechnet, ebenso wie Erstausstattungen (zum Beispiel die erste Einrichtung einer Dienststelle) und einmalige Beschaffungen von über DM 10 000. Übersteigt der Anschaffungswert die DM 50 000-Grenze, so sind die Güter einzeln aufzuführen.

Die Wertgrenze von DM 10 000 ist zugleich maßgebend für die Aufnahme der Anschaffungen in die Vermögensrechnung.

In Obergruppe 82 erscheinen Grundstückskäufe aller Art, einschließlich der beim Erwerb anfallenden Nebenkosten wie Schätz- und Maklergebühren, Vermessungskosten und Grunderwerbsteuer.

c) Investitionsförderungsmaßnahmen

Die in Hauptgruppe 8 unter 85—89 ausgewiesenen Zuwendungen sind abzugrenzen gegenüber den Zuwendungen für

---

[8] Patzig, Werner / Traber, Theo, D/23.

[9] Dieser Grundsatz gilt für alle Erstattungen von Ausgaben der Länder, die unmittelbar auf den Bundeshaushalt verrechnet werden. Vgl. Patzig, Werner / Traber, Theo, D/2.

laufende Zwecke. Zu diesen in Hauptgruppe 6 verbuchten Ausgaben gehören innerhalb des öffentlichen Sektors zum Beispiel die Zuweisungen im Rahmen des kommunalen Finanzausgleichs, aber auch die Erstattung des Bundes an die Länder für von diesen übernommene Verwaltungsvorgänge, zum Beispiel im Zusammenhang mit der Bundestagswahl oder im Zusammenhang mit der Wahrnehmung von Bundesbauaufgaben (Bauleitungskosten)[10]. Als Zahlungsvorgänge zwischen Bund und privaten Unternehmen, die von den Investitionsförderungsmaßnahmen zu unterscheiden sind, enthält die HGr 6 Zuschüsse zum Beispiel für Stillegungen, die Förderung der Rationalisierung im Steinkohlenbergbau, Frachtbeihilfen, Getreidepreisausgleich usw.[11] Diese sind als Einkommenshilfen gedacht[12], während die in HGr 8 zu verbuchenden Zuweisungen an die Länder und Gemeinden beziehungsweise Zuschüsse an Unternehmen sich ausdrücklich auf Investitionsvorhaben beziehen.

2.2 Öffentliche Investitionen in den Haushalten von Ländern und Gemeinden

Die Haushalte der Länder beruhen auf dem gleichen Gruppierungsschema, das dem Bundeshaushalt zugrundeliegt. Eine ganze Reihe von Unterschieden werden jedoch sichtbar, wenn die Umsetzung in Verwaltungsvorschriften wie zum Beispiel in Wertgrenzen und einzelne Zuordnungsrichtlinien zum Vergleich herangezogen wird.

Die folgende Tabelle[13] gibt einen Überblick über die in den einzelnen Bundesländern geltenden Wertgrenzen für den Erwerb beweglicher Sachen und im Bereich der Baumaßnahmen. Auf Differenzen bei der Zuordnung einzelner Ausgaben wird an späterer Stelle (vgl. S. 31 ff.) genauer eingegangen.

[10] Vgl. Patzig, Werner / Traber, Theo, D/2.

[11] Vgl. Patzig, Werner / Traber, Theo, D/32.

[12] Vgl. Hamm, Walter, Wettbewerb oder Interventionen als Regulativ der Branchenstruktur?, in: Cassel, D. / Gutmann, G. / Thieme, H. J. (Hrsg.), 25 Jahre Marktwirtschaft in der Bundesrepublik Deutschland, Stuttgart 1972, S. 118—131, hier vor allem S. 122 f.

[13] Der Tabelle liegen die jeweiligen Zuordnungsrichtlinien zum Gruppierungsplan der Länderhaushalte zugrunde.

Tabelle 1

Wertgrenzen für die Zuordnung von Sach- und Bauausgaben zu den Investitionen (HGr 7 und 8)

Bundesland	Wertgrenze bei Beschaffungen bewegl. Sachen (HGr. 8)	Wertgrenzen im Bereich der Baumaßnahmen (HGr. 7)
Schleswig-Holstein	DM 5 000 immer HGr. 8: Fahrzeuge, Erstausstattungen	bis DM 5 000 Unterhaltung[a] bis DM 250 000 „kleine" Baumaßnahmen, die in Sammelposten ausgewiesen werden, ab 250 000 DM Einzelveranschlagung der Projekte
Hamburg	DM 10 000 immer HGr. 8: Fahrzeuge, Erstausstattungen über DM 10 000	bis DM 10 000 Unterhaltung bis DM 250 000 „kleine" Baumaßnahmen, darüber Einzelausweis
Bremen	DM 800 immer HGr. 8: Fahrzeuge, Erstausstattungen	keine Angaben
Niedersachsen	DM 5 000 immer HGr. 8: Fahrzeuge, Erstausstattungen über DM 5 000	bis DM 250 000 „keine" Baumaßnahmen, darüber Einzelausweis
Nordrhein-Westfalen	DM 10 000 immer HGr. 8: Fahrzeuge, Erstausstattungen und Käufe im Rahmen gesondert ausgewiesener Beschaffungs- und Ausrüstungsprogramme	bis DM 10 000 Unterhaltung bis DM 250 000 „kleine" Baumaßnahmen, darüber Einzelausweis
Rheinland-Pfalz	DM 10 000	bis DM 5 000 Unterhaltung ab DM 250 000 Einzelveranschlagung der Projekte

Bundesland	Wertgrenze bei Beschaffungen bewegl. Sachen (HGr. 8)	Wertgrenzen im Bereich der Baumaßnahmen (HGr. 7)
Hessen	DM 2 000 bei Sammelbeschaffung *kann* auf Einstellung in HGr. 8 verzichtet werden, wenn es sich um Gegenstände des laufenden Bedarfs handelt und der Einzelpreis unter DM 2 000 liegt immer HGr. 8: Fahrzeuge, Erstausstattungen und einmalige Beschaffungen über DM 2 000	ab DM 150 000 Einzelausweis
Baden-Württemberg	DM 5 000 immer HGr. 8: Fahrzeuge; zusammengehörige bewegliche Sachen wie Raumausstatt. werden als Einheit gewertet	bis DM 10 000 Unterhaltung Einzelveranschlagung ab DM 250 000
Bayern	a) erstmalige Anschaffung und Ergänzung DM 4 000 Ersatz DM 10 000 bei Haltung von Dienstfahrzeugen, Geräten, Ausstattung für Verwaltungszwecke, Bewirtschaftung von Grundstücken, Gebäuden, Unterhaltung von Grundstücken, Gebäuden b) allgemein DM 10 000 bei Geräten etc., für Selbstschutz der Behörden, Geräten und Ausstattungen für Fachaufgaben, Unterhaltung des sonstigen unbeweglichen Vermögens (Straßen,	bis DM 5 000 Unterhaltung ab DM 250 000 Einzelveranschlagung

Bundesland	Wertgrenze bei Beschaffungen bewegl. Sachen (HGr. 8)	Wertgrenzen im Bereich der Baumaßnahmen (HGr. 7)
	Brücken etc.), Kunst- und wissenschaftliche Sammlungen immer HGr. 8: Fahrzeuge, Erstausstattungen, Gesamtausrüstungen	
Saarland	z. Zt. DM 5 000 (Zuordnungsrichtlinien zum Gruppierungsplan werden z. Zt. überarbeitet)	
Berlin	DM 10 000 immer HGr. 8: Fahrzeuge	keine Wertgrenzen für Baumaßnahmen; sie werden immer einzeln veranschlagt Erstausstattungen werden den Baukosten des jeweiligen Projekts zugerechnet

[a] Unterhaltungskosten und Reparaturen zählen *nicht* zu den Investitionsausgaben.

Quellen: Zuordnungsrichtlinien zu den Gruppierungsplänen der einzelnen Länderhaushalte, soweit erhältlich; telefonische und briefliche Angaben.

In den Haushalten der Gemeinden nehmen die Investitionsausgaben — in der geltenden haushaltsrechtlichen Abgrenzung — ein besonderes Gewicht ein. „Die Gemeinden haben in dem breiten Bereich der Daseinsvorsorge (vor allem Schulwesen, Kulturpflege, Sozialhilfe, Jugendhilfe, Gesundheitswesen und Jungendpflege, Wohnungsbau, Straßen- und Brückenbau, gemeindliche öffentliche Einrichtungen wie Abwasserbeseitigung und Müllabfuhr sowie Versorgung mit Wasser, Gas, Elektrizität) zahlreiche und kostspielige Einrichtungen zu schaffen und zu unterhalten, ohne die ein geordnetes Zusammenleben und vor allem auch eine wachsende Wirtschaft nicht denkbar sind[14]." Der Gemeindeanteil

[14] Raske, Winfried, Die kommunalen Investitionen in der Bundesrepu-

an den Investitionen hat demgemäß im Zeitverlauf zugenommen[15], seit 1970 liegt er um 45 % der gesamten Investitionsausgaben. Der Anteil ist noch höher, wenn nur die Sachinvestitionen betrachtet werden.

Im Gegensatz zu den Länderhaushalten mit ihren vielfach unterschiedlichen Abgrenzungen der Investitionsausgaben zeigen die Gemeinden seit der Gemeindehaushaltsreform von 1971/72[16] ein auf den ersten Blick recht homogenes Bild. Ausgaben für Investitionen und Investitionsförderungsmaßnahmen werden im Vermögenshaushalt nachgewiesen, in den Obergruppen

93 Vermögenserwerb
94—96 Baumaßnahmen
und 98 Zuweisungen und Zuschüsse für Investitionen.

Maßgebend für die Frage, ob eine Beschaffung als Investitionsausgabe verbucht wird oder als Verwaltungsausgabe, ist einheitlich die Wertgrenze von DM 800. Außerdem muß der Gegenstand „selbständig bewertungs- und nutzungsfähig" sein. Bei technisch oder wirtschaftlich verbundenen, nur gemeinsam nutzbaren Gütern gilt die Wertsumme für den

---

blik, Stuttgart/Berlin/Köln/Mainz 1971, S. 31. Raske zitiert aus dem Gutachten über die Finanzreform 1966, S. 113, TZ 434.

15 Vgl. ebenda, und Bundesministerium für Wirtschaft (Hrsg.), Leistung in Zahlen '75, Bonn 1976, S. 109.

16 Der Unterausschuß „Gemeindehaushaltsrecht" der Ständigen Konferenz der Innenminister der Länder (IMK) erarbeitete Musterentwürfe für die gesetzlichen Vorschriften der Gemeindeordnungen und für eine neue Gemeindehaushaltsverordnung, die von der IMK im April 1971 beziehungsweise Juni 1972 verabschiedet wurden. Sie wurden von den einzelnen Ländern „weitgehend unverändert" übernommen. Auch die zur gleichen Zeit vorgelegten Entwürfe für einen neuen Gliederungs- und Gruppierungsplan mit den dazugehörenden Zuordnungsvorschriften wurden „weitgehend unverändert, wenn auch an die jeweiligen Rechtsverhältnisse angepaßt" übernommen.

Vgl. Nell, Albert / Steenbock, Reimer, Gemeindehaushaltsrecht Rheinland-Pfalz, Mainz 1977, S. 2 f.

„Mit einheitlichen, für alle Gemeinden und Gemeindeverbände verbindlichen Verwaltungsvorschriften haben die Innenminister der Bundesländer die neue Haushaltsystematik in Kraft gesetzt. Die Umstellung ab 1974 — in einigen Ländern ab 1975 — wird zweifellos Anpassungsschwierigkeiten mit sich bringen; ebenso wird die Weiterentwicklung aufgrund von Aufgabenveränderungen im kommunalen Bereich immer wieder Zuordnungsprobleme aufwerfen." Mengert, F. / Kunert, Ch. / Rehm, J., Kommunalhaushalt in Schlagworten, Köln 1973, S. V.

Gesamtkomplex. Für Betriebe, die der Körperschaftsteuer unterliegen, sind die steuerlichen Regelungen maßgebend.

Im Zusammenhang mit Baumaßnahmen werden im Gemeindehaushaltsrecht keine Wertgrenzen genannt. Als „Unterhaltung" gilt die Erhaltung im ordnungsmäßigen Zustand; erhebliche Verbesserungen des Gebäudes, Nutzungsänderungen oder der Einbau von technischen Einrichtungen (Aufzug oder Zentralheizung) werden als Investition betrachtet. In Zweifelsfällen sind die Einkommensteuer-Richtlinien anzuwenden. Bei der Anpassung der Richtlinien an die spezifischen eigenen Verhältnisse haben einzelne Gemeinden jedoch Wertgrenzen eingeführt.

Typisch für den Gemeindehaushalt sind Umlagen an Zweckverbände und ähnliche kommunale Zusammenschlüsse (Schulverband, Krankenhausumlage etc.). Diese Umlagen können (aber müssen demzufolge nicht) in eine Verwaltungsumlage und eine Investitionsumlage aufgespalten werden[17].

2.3 Zur Kritik am haushaltsrechtlichen Investitionsbegriff

Der haushaltsrechtliche Investitionsbegriff ist nicht eindeutig definiert, wie der kurze Überblick über die an einzelnen Stellen des Haushaltsrechts aufzufindenden Abgrenzungen gezeigt hat. Verbindlich für die Buchungen sind letztlich der Gruppierungsplan, der diejenigen Tatbestände aufzeigt, die als Investition gelten, und die Zuordnungsrichtlinien, die die Abgrenzung im einzelnen präzisieren. Ein hohes Gewicht haben dabei verständlicherweise die Verfügbarkeit von Daten und die Zurechenbarkeit von Zahlungsvorgängen zu einzelnen Projekten.

Gemessen an dem Aussagezweck des Investitionsbegriffs einerseits und an der Forderung nach einer in sich konsistenten, widerspruchsfreien Abgrenzung andererseits, sind eine Reihe von Kritikpunkten anzuführen, die der Übersichtlichkeit halber unter wenigen ordnenden Stichpunkten zusammengefaßt werden sollen.

---

[17] Vgl. zum Beispiel Niedersächsisches Ministerialblatt, Ausgabe A., Nr. 21 vom 26. 4. 1973, S. 673.

2.3.1 Die Abgrenzung der „öffentlichen" Investitionen

— Die Einordnung der öffentlichen Unternehmertätigkeit

Im Gegensatz zur Statistik (s. u.) scheint die Bestimmung des öffentlichen Sektors — und damit des Bereichs „öffentlicher" Investitionen — für das Haushaltsrecht auf den ersten Blick unproblematisch: Gegenstand der Betrachtung sind Bund, Länder und Gemeinden mit ihren Einnahmen und Ausgaben. Dennoch gibt es Ausgabenbereiche, deren Zuordnung nicht immer eindeutig ist.

Dazu gehört zum einen die öffentliche Unternehmertätigkeit. Sogenannte Eigenbetriebe — öffentlich-rechtliche, wirtschaftlich weitgehend selbständig geführte Betriebe — tauchen in den Haushaltsplänen der Gebietskörperschaften nur mit den empfangenen Zuschüssen oder den abgelieferten Überschüssen auf. „Bruttounternehmen" oder Regiebetriebe gehen dagegen voll in den Haushalt ein. Das bedeutet, daß alle in Bruttounternehmen getätigten Investitionen als öffentliche Investitionen im Haushalt der Gebietskörperschaften ausgewiesen werden; die Investitionen der Eigenbetriebe erscheinen dagegen nicht darin.

Sollen als „öffentliche" Investitionen alle diejenigen erfaßt werden, die mit öffentlichen Mitteln finanziert werden, das heißt, soll der öffentliche Sektor für die Definitionsaufgabe nach der Finanzierung bestimmt werden[18], so erscheint die haushaltsrechtliche Abgrenzung gerechtfertigt: Die Eigenbetriebe sollen sich in der Regel über ihre Einnahmen aus dem Verkauf von Gütern und Dienstleistungen (Gebühren, Preise) selbst finanzieren.

Interessiert dagegen der Entscheidungsträger, weil in Entscheidungen innerhalb des öffentlichen Bereichs häufig andere Kriterien eingehen als in die des privaten Sektors, so wird die Ausgliederung der Eigenbetriebe fragwürdig. Denn auch in Eigenbetrieben werden Investitionsentscheidungen häufig nicht nur nach reinen Wirtschaftlichkeitsüberlegungen getroffen, sondern es gehen zum Beispiel auch (sozial-)politische

[18] Dies ist nach Ansicht der Verfasserin die sinnvollste Abgrenzung für den Untersuchungszweck.

Überlegungen mit ein. Die Eigenbetriebe stehen insofern in einem Grenzbereich zwischen öffentlichem und privatem Sektor[19].

Die unterschiedliche Behandlung der Brutto- und Nettounternehmen erschwert auch den Vergleich der Investitionsausgaben verschiedener Gebietskörperschaften untereinander und den zeitlichen Vergleich. Vor allem bei den Gemeinden hängt der Umfang der im Haushaltsplan ausgewiesenen Investitionen wesentlich davon ab, inwieweit die Gemeinde einzelne Güter und Dienstleistungen durch Regiebetriebe bereitstellt oder in ihrem Auftrag von Eigenbetrieben oder auch privaten Unternehmen anbieten läßt. Gas- und Wasserversorgung, Müllabfuhr, Straßenreinigung und Stadtbusverkehr sind Beispiele, die deutlich machen, in welchem Umfang das Investitionsvolumen schwanken kann, je nachdem ob die Investitionen für diese Bereiche im Haushaltsplan enthalten sind oder nicht. Entsprechend können sich die Investitionsausgaben im Zeitverlauf verändern, wenn vorher von Regiebetrieben wahrgenommene Aufgaben privatisiert oder von Eigenbetrieben übernommen werden[20].

Diese Abgrenzungsfrage betrifft im übrigen gleichermaßen die Höhe der öffentlichen Verschuldung. Abbildung 3 zeigt deutlich den Sprung in der Entwicklung der Staatsverschuldung, der auf die Ausgliederung der kommunalen Eigenbetriebe und Zweckverbände zurückgeht.

— „Öffentliche" Investitionen in privates Eigentum

Da unter dem Begriff „öffentliche" Investitionen alle diejenigen erfaßt werden sollen, die mit Hilfe öffentlicher Mittel finanziert werden, rechnet das Haushaltsrecht auch die Förderung von Investitionen bei Dritten dazu. Bei dieser ent-

[19] Vgl. dazu Gesellschaft für öffentliche Wirtschaft und Gemeinwirtschaft, Das Investitionsverhalten der öffentlichen Unternehmen, Diskussionsveranstaltung am 17. 3. 1978 in Frankfurt/M., Referate abgedruckt in: Zeitschrift für öffentliche und gemeinwirtschaftliche Unternehmen 2/1978, S. 61—79.

[20] Insofern läßt sich aus den haushaltsmäßigen Ausgaben einer Gemeinde für Investitionen auch nicht — wie es oft geschieht — schließen, ob ihre Bürger besser oder schlechter mit öffentlichen Gütern versorgt sind als andere.

Abbildung 3

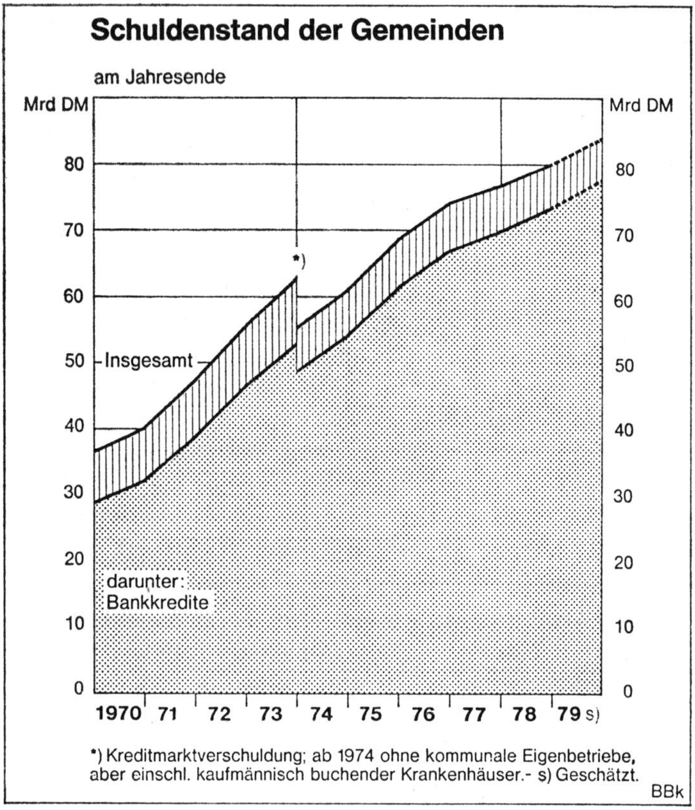

Quelle: Monatsberichte der Deutschen Bundesbank, 32. Jahrgang, Nr. 1, Januar 1980, S. 25.

steht der Vermögenseffekt allerdings nicht im öffentlichen, sondern im privaten Sektor, die Investition bildet nicht öffentliches, sondern privates Vermögen. Der haushaltsrechtliche Investitionsbegriff faßt daher Tatbestände mit ganz unterschiedlicher Wirkung auf die Eigentumsverteilung zusammen, ohne daß dies sofort deutlich würde. Auf der anderen Seite werden die im privaten Sektor mit öffentlichen Mitteln finanzierten Investitionen nicht vollständig erfaßt, wodurch die Abgrenzung uneinheitlich wird.

2.3.2 Inkonsistenzen der Abgrenzung

— Die Behandlung der Investitionsförderungsmaßnahmen

Private Investitionen können von staatlicher Seite nicht nur durch direkte Zuschüsse, (zinsverbilligte) Darlehen oder Zuschüsse zum Zinsendienst gefördert werden, sondern auch durch steuerliche Maßnahmen wie zum Beispiel Abschreibungsvergünstigungen, Steuerermäßigungen, Abzug von Ausgaben von der Steuerschuld etc. Diese steuerlichen Hilfen dienen demselben Zweck wie die direkte, ausgabewirksame Förderung, nur führen sie im Haushalt nicht zu Ausgaben, sondern wirken sich einnahmemindernd aus. Daß sie den Ausgabeformen eng verwandt sind, zeigt das Beispiel der Abschreibung: die vorgezogene Abschreibung ist dem Wesen nach ein Darlehen, denn ihr stehen in späteren Jahren entsprechend niedrigere Abschreibungen gegenüber; die Steuerschuld wird nicht geringer, sie wird lediglich „gestundet", zeitlich nach hinten verschoben. Stanley S. Surrey hat eingehend begründet, daß es sich bei den meisten steuerlichen Hilfen um „government expenditures made through the tax system" handele, und solche Einnahmeausfälle als „tax expenditures" den Ausgaben gleichstellt[21]. Der haushaltsrechtliche Investitionsbegriff bezieht die steuerliche Investitionsförderung, über deren geschätzten Umfang der Subventionsbericht informiert[22], *nicht* mit ein, obwohl es sich auch hier um „mit öffentlichen Mitteln finanzierte Investitionen" handelt.

Das hat zur Folge, daß sie auch nicht bei der Ermittlung der Verschuldungsgrenze berücksichtigt werden. Die Aufnahme von Krediten durch den Staat ist ausdrücklich an die Höhe der Investitionsausgaben (einschließlich der *Ausgaben* für die Förderung von Investitionen bei Dritten) gebunden.

---

[21] Vgl. Surrey, Stanley S., Pathways to Tax Reform. The Concept of Tax Expenditures, Harvard University Press, Cambridge, Mass., 2. Auflage, 1974 (Zitat S. VII). Surrey weist auch darauf hin, daß bei dem Bemühen um Ausgabenkürzungen die Steuererleichterungen häufig vergessen werden, weil ihr Ausgabecharakter nicht so offensichtlich ist.

[22] Vgl. Bericht der Bundesregierung über die Entwicklung der Finanzhilfen und Steuervergünstigungen für die Jahre 1975 bis 1978 (6. Subventionsbericht), Bundestagsdrucksache 8/1195 vom 17. 11. 1977, TZ 17 ff.

So können Mindereinnahmen aus der steuerlichen Investitionsförderung nicht durch Kreditaufnahme ausgeglichen werden. Allerdings würde sich bei der an sich folgerichtigen Einbeziehung der steuerlichen Investitionsförderung ein Manipulationsspielraum eröffnen, da die Differenz zwischen effektiven Steuereinnahmen und Als-ob-Steuereinnahmen (ohne Steuererleichterungen) nur durch Schätzung zu ermitteln ist.

Die Investitionsförderungs„ausgaben" über das Steuersystem sind nicht die einzigen, die nach dem Kriterium der Finanzierung mit öffentlichen Mitteln im haushaltsrechtlichen Investitionsbegriff fehlen. So werden Schuldendiensthilfen auch dann in HGr. 6 („Ausgaben für Zuweisungen und Zuschüsse für laufende Zwecke") verbucht, wenn sie offensichtlich mit Investitionsvorhaben Dritter verbunden sind, zum Beispiel Schuldendiensthilfen für Wohnungsbaudarlehen.

Es ließe sich darüber streiten, ob nicht auch ein Teil der ebenfalls in HGr. 6 ausgewiesenen Sparförderung nach dem vorgegebenen Kriterium zu den „öffentlichen" Investitionen gerechnet werden müßte.

Die meisten Sparverträge dürften von Ihren Besitzern für „größere" Anschaffungen eingeplant werden. Nun kann nicht quasi „auf Verdacht" ein bestimmter Prozentsatz der Ausgaben für die Sparförderung pauschal der Investitionsförderung zugerechnet werden[23]. Bausparverträge aber sind zum Beispiel weitgehend an eine investive Verwendung gebunden; die Prämien, die hierfür gewährt werden, haben daher eindeutig den Charakter von Investitionsförderungsausgaben[24].

---

[23] Die gleiche Schwierigkeit tritt auch bei einer Reihe der in HGr 6 bei Bund und Ländern verbuchten Einkommenshilfen an einzelne Branchen auf. Diese könnten, wenn es sich um Anpassungshilfen handelt, durchaus zu Investitionen bei den Empfängern führen. Dies ist zwar nicht primär das Ziel der Staatshilfe — in manchen Fällen ist sogar das Gegenteil, nämlich eine Stillegung von Kapazitäten beabsichtigt —, aber es kann eine Folge sein. Da eine ex-ante Zuordnung von Ausgaben nur vom Ausgabenzweck, nicht aber von — vielleicht unerwünschten — (Neben-)Wirkungen ausgehen kann, ist es sinnvoll, solche Einkommenshilfen grundsätzlich nicht als Investition zu buchen. Gleichwohl sind die verschiedenen Wirkungsmöglichkeiten bei der Interpretation solcher Ausgaben im Auge zu behalten.

— Unterschiede in den Abgrenzungen der Investitionsausgaben bei den Gebietskörperschaften

Die oben geschilderten Widersprüche in der haushaltsrechtlichen Abgrenzung der Investitionen ziehen sich durch die Haushalte aller Gebietskörperschaften. Aber der haushaltsrechtliche Investitionsbegriff wird auch durch die unterschiedliche Vorgehensweise der Gebietskörperschaften inkonsistent. Streng genommen gibt es *den* haushaltsrechtlichen Investitionsbegriff in der Praxis nicht.

• Unterschiedliche Wertgrenzen

Auf den ersten Blick fallen die unterschiedlichen Wertgrenzen für die Beschaffung beweglicher Sachen auf. Sie reichen von DM 800 bei den Gemeinden bis zu DM 10 000 beim Bundeshaushalt und variieren in den Ländern ebenfalls zwischen DM 800 (Bremen) und DM 10 000 (Hamburg, Nordrhein-Westfalen, Rheinland-Pfalz, Berlin und Bayern teilweise). Daß sich die Wertgrenze bei den Gemeinden an die der Einkommensteuer anlehnt, ist wohl aus der eher einzelwirtschaftlichen Betrachtung der Gemeinden zu erklären. Dagegen scheint es keine sinnvolle ökonomische Begründung dafür zu geben, daß ein und dieselbe Ausgabe bei manchen Ländern als Investition, bei anderen als Verwaltungsausgabe verbucht wird.

Das gleiche gilt für die von einigen Ländern und Gemeinden eingeführten Mindestbeträge für Baumaßnahmen, mit deren Hilfe global zwischen (kosumtivem) Reparatur- beziehungsweise Unterhaltungsaufwand und (investiver) Baumaßnahme unterschieden wird. Daß der Einbau eines Handwaschbeckens in ein Dienstzimmer zwar eine Verbesserung darstellt, aber wegen des geringfügigen Betrages vermieden wird, ihn als Investition zu bezeichnen und damit den mit Investitionsausgaben in der Regel verbundenen „Papierkrieg" einzuleiten, ist verständlich. Warum aber solche Wertgrenzen für „Bagatellfälle" nicht für alle Gebietskörperschaften, und für

[24] Wenn der Bausparvertrag allerdings nur dem prämienbegünstigten Ansparen von Mitteln dient, so stehen die Mittel nach einer festgelegten Wartefrist ebenfalls zu jeder Verwendung bereit.

alle in gleicher Höhe, eingeführt werden können, ist nicht einsehbar[25].

- Unterschiedliche Zuordnungsrichtlinien

Eine eingehendere Betrachtung der Zuordnungsrichtlinien zu den Gruppierungsplänen zeigt, wie unterschiedlich die Gebietskörperschaften im einzelnen vorgehen. Ein Beispiel dafür sind die Bauplanungs- und Bauleitkosten. In den Zuordnungsrichtlinien heißt es in der Regel, daß „alle Baunebenkosten, wie Kosten für Leistungen von Architekten und Ingenieuren, Kosten für Behördenleistungen, Kosten für Grundsteinlegung, Richtfest usw." gemeinsam mit den Baukosten des Projekts in HGr 7 (Bund, Länder) beziehungsweise 94—96 (Gemeinden) nachzuweisen seien. Werden Entwurf und Bauleitung an einen freien Architekten vergeben, so erscheint dessen Honorarabrechnung in diesen Hauptgruppen. Die Dienstbezüge öffentlich angestellter Architekten gehören dagegen in OGr 41 „Dienstbezüge", so daß eine von der eigenen Hochbauabteilung durchgeführte Baumaßnahme entsprechend niedrigere Kosten aufweisen müßte. Einige Länder und Gemeinden (zum Beispiel Rheinland-Pfalz und Hessen, bei denen dies in den ZOR explizit erwähnt ist, unter den Gemeinden nach Kenntnis der Verfasserin zum Beispiel Nürnberg) gehen nun konsequenterweise so vor, daß das Hochbauamt eine fiktive Rechnung ausstellt, die in die Investitionsausgaben eingeht. Entsprechende Einnahmen werden im Verwaltungshaushalt gegengebucht[26]. Wenn die Hochbauab-

[25] Der Praktiker wird einwenden, daß es sich bei diesen Fällen jeweils nur um relativ kleine Beträge im Vergleich zum gesamten Volumen der Investitionsausgaben handle. Es wäre sicherlich interessant, das nachzurechnen, leider erlaubt das vorhandene Material es nicht, zum Beispiel für die Investitionsausgaben eines Landeshaushalts eine andere Wertgrenze anzunehmen und die alternative Höhe anzugeben. Es geht hier aber auch nicht in erster Linie um das quantitative Gewicht solcher Unstimmigkeiten, sondern nur um die ökonomische Logik der Zuordnung.

[26] In den ZOR zum GPl des Landes Hessen heißt es in nicht ganz einfach zu verstehendem Amtsdeutsch: „Bei den Hochbaumaßnahmen des Landes werden die Bauleitungsmittel den Baumitteln (712—759) entnommen und an den Bauleitungsfonds der Staatsbauverwaltung abgeführt; dort sind sie in Einnahmen und Ausgaben zur Vermeidung von Doppelzählungen als haushaltstechnische Verrechnungen (381 bzw. 984—988) zu behandeln."

Die ZOR zum GPl des Landes Rheinland-Pfalz bestimmen, daß Ausgaben für Planung und Bauleitung durch die eigene Verwaltung in HGr. 7 Bau-

teilung also nur an Projekten arbeitete, die auch realisiert werden, müßte sie sich aus ihren Einnahmen von anderen Verwaltungen quasi selbst tragen.

Eine solche „Gleichbehandlung gleicher Tatbestände" — die Zuordnung der Bauplanungs- und Bauleitkosten zu den Investitionen, unabhängig davon, wer diese Tätigkeiten ausführt — wird aber nicht von allen Gebietskörperschaften vorgenommen. Auch der Bund scheint sich nicht daran zu halten, denn die Bauleitkosten für Bundesbaumaßnahmen, deren Ausführung von den Ländern übernommen wird, erscheinen unter der Rubrik „Erstattung von Verwaltungsleistungen".

2.3.3 *Manipulationsmöglichkeiten*

Daß die Höhe der ausgewiesenen Investitionsausgaben (bei gegebenem Gesamtvolumen der öffentlichen Ausgaben) manipulierbar ist, hängt nicht zuletzt mit den genannten Mängeln des haushaltsrechtlichen Investitionsbegriffs zusammen. Drei Beispiele sollen das belegen.

Eine Manipulationsmöglichkeit ergibt sich aus den Wertgrenzen und pauschalen Abgrenzungen in den Zuordnungsrichtlinien. So werden, wie bereits erwähnt, kleinere Um- und Einbauten zeitlich zusammengelegt oder vorgenommen, wenn am gleichen Gebäudekomplex größere Arbeiten anfallen, um die Kosten gemeinsam als Baumaßnahme aufführen zu können. Das ist vor allem dann interessant, wenn die gesamten Baukosten dadurch auf eine Höhe gebracht werden, die ausreicht, um von der übergeordneten Gebietskörperschaft Zuschüsse für das Projekt zu erhalten.

Ein zweiter Spielraum für Manipulationen eröffnet sich durch die unterschiedliche Behandlung der Investitionsförderung. Die Politiker, die über die Förderung privater Investitionen entscheiden, bestimmen mit der Art der Förderung — direkter oder steuerlicher Förderung — zugleich darüber,

maßnahmen ausgewiesen werden sollen, entsprechende Einnahmen in Gr. 157 „Planungs- und Bauleitungskosten der eigenen Verwaltung sowie Zinsanteile für Einzelmaßnahmen aus dem Vermögenshaushalt".

ob diese Beträge als Investitionsausgaben im Haushalt erscheinen, und damit wiederum darüber, ob sie ihre Maßnahmen mit Kredit finanzieren dürfen oder nicht.

Die Energiesparmaßnahmen im Wohnungsbau, die durch das „Gesetz zur Änderung des Wohnungsmodernisierungsgesetzes" gefördert werden, das am 1. Juli 1978 in Kraft trat, werden zum Beispiel teils durch Steuererleichterungen, teils durch Zuschüsse unterstützt. Die Zuschußförderung erhöht die gesetzliche Kreditgrenze, die steuerliche Förderung nicht[27].

Die dritte Art von Manipulationsmöglichkeiten sind Fehlklassifikationen, die durch die weite und unscharfe Formulierung der globalen haushaltsrechtlichen Definition des Investitionsbegriffs begünstigt werden. So kann die öffentliche Unterstützung einzelner Branchen — wie sie 1978 zum Beispiel dem Kohlebergbau gewährt wurde — als Investitionshilfe deklariert werden, auch wenn es sich tatsächlich eher um eine Einkommenshilfe beziehungsweise einen Verlustausgleich handelt.

2.3.4 Die Brauchbarkeit des haushaltsrechtlichen Investitionsbegriffs für den Vermögensrechnungszweck, den wachstumspolitischen Zweck und den stabilitätspolitischen Zweck

Der Begriff der öffentlichen Investition soll, so wurde einleitend festgestellt, drei Zwecken dienen: dem Vermögensrechnungszweck, dem wachstumspolitischen Zweck und dem stabilitätspolitischen Zweck. Was leistet der haushaltsrechtliche Investitionsbegriff hinsichtlich dieser Aufgabenstellung?

---

[27] Da auch die Zuweisungen der Gebietskörperschaften untereinander, soweit sie Investitionszwecken dienen, zu den Investitionsförderungsmaßnahmen zählen und in die Kreditgrenze eingerechnet werden, können im übrigen „Doppelkredite" vorkommen: Die übergeordnete Gebietskörperschaft (Bund) finanziert die Zuweisung über Kredit, und die empfangende Gebietskörperschaft (Land) verschuldet sich in Höhe der gesamten Investitionsausgaben, ohne von diesen den erhaltenen Finanzierungsbeitrag abzusetzen. Bei den Gemeinden ist das nicht möglich, weil empfangene Investitionshilfen im Vermögenshaushalt gebucht werden müssen.

— Vermögensrechnung

In den haushaltsrechtlichen Investitionsbegriff gehen sowohl Tatbestände ein, die einen Zuwachs zum öffentlichen Vermögen bedeuten, als auch solche, die einen Zuwachs des Vermögens im privaten Sektor zur Folge haben. Abgesehen von dieser Zusammenfassung unterschiedlicher Vermögenswirkungen, die eine „Bereinigung" der haushaltsrechtlichen Abgrenzung für den Vermögensrechnungszweck nötig machte, koppeln die Zuordnungsrichtlinien die haushaltsrechtliche Definition der öffentlichen Investitionen mit der Vermögensrechnung über gleiche Wertgrenzen. Jede weiterführende Überlegung müßte daher am Vermögensbegriff ansetzen und die Frage stellen, wie das öffentliche Vermögen abzugrenzen ist und ob die Vermögensrechnungen das öffentliche Vermögen vollständig erfassen. Darauf wird später einzugehen sein.

— Wachstumspolitik

Die „allgemeinen Definitionen" des Investitionsbegriffs im Haushaltsrecht sind am Wachstumsziel orientiert. Investitionen werden definiert als Ausgaben zur Erhaltung, Vermehrung und Verbesserung der Produktionsmittel beziehungsweise als Ausgaben zur Steigerung der zukünftigen Produktion von Gütern und Dienstleistungen (vgl. oben S. 18 f.). Dies ist zwar nicht identisch — im ersten Fall geht es um das Produktionspotential, im zweiten um die tatsächliche Produktion, beides stimmt nur bei Vollauslastung der Kapazitäten überein. Beide Formulierungen machen jedoch den Bezug zum wachstumspolitischen Zweck deutlich.

Obwohl die „allgemeinen Definitionen" des Investitionsbegriffs also stark auf den wachstumspolitischen Zweck hin ausgerichtet sind, wird der haushaltsrechtliche Investitionsbegriff in seiner konkreten Ausformung diesem Zweck nicht voll gerecht. Zum einen kommt aus wachstumspolitischer Sicht der Zukunftswirkung einer Investition größere Bedeutung zu als dem Vermögenseffekt; der haushaltsrechtliche Investitionsbegriff enthält aber, wie gezeigt wurde, auch eine Reihe von Ausgaben, die zwar einen Zuwachs zum Vermögen beinhalten, aber ohne Zukunftswirkung bleiben. Zum anderen ist in der Praxis der Zuordnungsrichtlinien eher eine Anlehnung an den traditionellen betriebswirtschaftlichen Investitionsbegriff zu erkennen, der sich — grob umrissen — auf langlebige Sachgüter bezieht und keine ausgeprägte Zielorientierung aufweist. Zum Teil aus diesem Grund scheinen die in der Einleitung als „außengerichtet" umschriebenen investiven Ausgaben im haushaltsrechtlichen Investitionsbegriff kaum berücksichtigt.

Auch für den wachstumspolitischen Zweck ist der Investitionsbegriff des Haushaltsrechts daher nur mit Einschränkungen geeignet.

— Stabilitätspolitik

Gegen den stabilitätspolitischen Zweck wurden bereits prinzipielle Bedenken geltend gemacht. Dennoch soll der Vollständigkeit halber an dieser Stelle die Eignung des haushaltsrechtlichen Investitionsbegriffs für diesen Zweck geprüft werden.

Neben Richtung (Vorzeichen) und Höhe des Saldos zwischen öffentlichen Einnahmen und Ausgaben (siehe oben) ist aus konjunkturpolitischer Sicht die Gliederung des Haushalts in Sachausgaben und Transferausgaben von Bedeutung, weil diese verschiedene stabilitätspolitische Wirkungen aufweisen: durch Sachausgaben wird direkt Nachfrage entfaltet, Transferausgaben fließen an Dritte, die dann ihrerseits erst darüber entscheiden, in welcher Höhe diese Transferausgaben nachfragewirksam werden. Der haushaltsrechtliche Investitionsbegriff ist aber nicht identisch mit den öffentlichen Sachausgaben. So werden beispielsweise Käufe von Ausrüstungen oder die Erstellung von Bauten für militärische Zwecke als (konsumtive) Verwaltungsausgaben gebucht. Es handelt sich dabei zweifellos um Sachausgaben, und für die konjunkturelle Wirkung der staatlichen Nachfrage auf die Bauindustrie und angeschlossene Branchen dürfte es gleichgültig sein, ob in das Gebäude nach Fertigstellung nun Soldaten oder Schüler einziehen.

Zudem geben die Haushaltspläne kassenmäßige Vorgänge an, das heißt die Höhe der ausgewiesenen Investitionen richtet sich nach den voraussichtlich zu leistenden Auszahlungen für Investitionsvorhaben. Die konjunkturellen Impulse fallen aber in der Regel nicht mit der Zahlung zusammen. „So ist das Erfassen der Bestellungen oder Auftragsvergaben nach Art, Höhe und Zeit für das Erkennen oder Abschätzen der vor allem von den größeren Investionsprojekten ausgehenden Impulse auf die private Aktivität wichtiger als die meist sehr spät erfolgende kassenmäßige Erledigung[28]."

Schließlich sind in der haushaltsrechtlichen Abgrenzung der Investitionen auch Zahlungen an das Ausland enthalten, die die Binnenkonjunktur wenn überhaupt nur indirekt über denjenigen Teil beeinflussen, der als Nachfrage des Auslandes nach einheimischen Gütern und Diensten zurückfließt[29].

Bei den Investitions*förderungs*maßnahmen ist eine konjunkturelle Einschätzung schwierig, weil unsicher ist, wann die gewährten Darlehen und Zuschüsse zu Investitionen des privaten Sektors führen[30].

Der Investitionsbegriff des Haushaltsrechts ist daher für den stabilitätspolitischen Zweck nur bedingt geeignet.

2.4 Der Investitionsbegriff in der Finanzstatistik

Die Finanzstatistik baut auf den Haushaltsplänen von Bund, Ländern und Gemeinden auf. Hinzu kommen die Etats der Sondervermögen ERP und LAG und der Gemeindeverbände (nicht aber der kommunalen Zweckverbände).

Mit den Daten der Haushaltspläne übernimmt die Finanzstatistik auch den haushaltsrechtlichen Investitionsbegriff. Es

---

28 Senf, Paul, Die Reform der öffentlichen Haushaltsgebarung zur Erhöhung der Transparenz, in: Haller, Heinz (Hrsg.), Probleme der Haushalts- und Finanzplanung, Schriften des Vereins für Socialpolitik, NF Bd. 52, Berlin 1969, S. 171.

29 Die beiden letztgenannten Kritikpunkte gelten in gleicher Weise für den Staatskonsum.

30 Die Erfahrung mit Konjunkturankurbelungsprogrammen scheint zum Beispiel eine Tendenz zu zeigen, daß Investitionsförderungsmittel erst gegen Ende der Zeit beantragt werden, auf die sie befristet sind, wenn sich die Erwartungen allgemein bereits gebessert haben.

erübrigt sich daher, an dieser Stelle noch einmal auf Einzelheiten einzugehen[31].

2.5 Der Investitionsbegriff der Volkseinkommensstatistik

Die zweite bedeutende Statistik, die öffentliche Investitionen ausweist, ist die Volkseinkommensstatistik oder Volkswirtschaftliche Gesamtrechnung (VGR). Die VGR besteht aus einem Kontensystem, das für die Sektoren Staat, Unternehmen und private Haushalte die Funktionen Produktion, Einkommensverwendung und Vermögensbildung erfaßt. Sie macht sichtbar, „in welchem Umfang der Staat Ressourcen in Anspruch nimmt, wie groß seine Wertschöpfung ist und welche Transaktionen ihn mit den übrigen Sektoren der Volkswirtschaft ... verbinden"[32].

Der Staatssektor der VGR umfaßt die Gebietskörperschaften (einschließlich ERP und Lastenausgleichsfonds) und die Sozialversicherung, wobei grundsätzlich nur die Verwaltungs- und Lehrtätigkeit des öffentlichen Sektors, nicht aber seine unternehmerische Tätigkeit einbezogen werden. Das Statistische Bundesamt hält sich an die Regel, daß Unternehmertätigkeit meist auf Gewinnerzielung, mindestens aber auf Kostendeckung gerichtet ist. Diese Zielsetzung gibt das Kriterium für die Zuordnung von Wirtschaftssubjekten zum Unternehmenssektor ab. Deshalb werden zum Beispiel auch alle Bruttounternehmen aus dem Staatssektor ausgeklammert und dem Sektor Unternehmen zugeordnet. Allerdings finden sich in der Statistik des Staatssektors noch einzelne Institutionen wie zum Beispiel Schlachthöfe, Friedhöfe, Altenheime, Krankenhäuser u. ä., deren Zuordnung Schwierigkeiten bereitet. Einige Institutionen wie beispielsweise Krankenhäuser könnten nach dem Kostendeckungskriterium dem Unternehmens-

31 Zur Finanzstatistik vgl. insbesondere Hansen, Andreas, Entwicklung der finanzstatistischen Gesamtübersicht, in: Entwicklung der Aufgaben und Ausgaben von Bund, Ländern und Gemeinden, Schriftenreihe der Hochschule Speyer, Bd. 47, Berlin 1971, S. 143—165; Freund, Elmar, Die Neugestaltung der Finanzstatistik ab 1970, in: Wirtschaft und Statistik 11/1970, S. 543—546.

32 Krüger-Spitta, W. / Bronk, H., Einführung in das Haushaltsrecht und in die Haushaltspolitik, Darmstadt 1973, S. 64.

sektor zugerechnet werden (das neue Krankenhausfinanzierungsgesetz strebt ja Kostendeckung an). Andere, die Kostendeckung nur mit Hilfe staatlicher Zuwendungen erreichen und/oder bei denen die Kostendeckung von Jahr zu Jahr schwankt, sind nicht eindeutig einzuordnen. Im Zweifelsfall greift das Statistische Bundesamt nach eigener Angabe auf die Rechtsform als Hilfskriterium zurück[33].

Strittig ist auch die Zuordnung der Organisationen ohne Erwerbscharakter, die bislang in der VGR nicht zum Staatssektor gezählt werden, obwohl einige von ihnen zum großen Teil oder sogar vollständig aus öffentlichen Mitteln finanziert werden. Die Finanzstatistik weist nur die Zuwendungen an diese Institutionen aus. Es wird zur Zeit versucht, alle diejenigen Institutionen zu erfassen, die im Forschungsbereich tätig sind und primär aus öffentlichen Mitteln finanziert werden. In die VGR würden nach Angabe des Statistischen Bundesamtes[34] diese Daten allerdings erst bei der nächsten Revision der VGR übernommen, und auch dann nur, wenn sie vollständig sind, das heißt sich nicht nur auf den Forschungsbereich beschränken.

Innerhalb des so abgegrenzten öffentlichen Sektors weist die VGR die „Bruttoinvestitionen" aus, bestehend aus Bruttoanlageinvestitionen und Vorratsänderungen[35]. Sie arbeitet mit einem enumerativen Investitionsbegriff; eine allgemeine verbale Definition der Investitionsausgaben gibt es nicht.

Zu den Bruttoanlageinvestitionen gehören Baumaßnahmen (einschließlich werterhöhender Reparaturen und Umbauten) und die Käufe von dauerhaften[36] Anlage- und Ausrüstungsgütern. Ausgenommen sind auch hier Gebäude und Ausrüstungen für militärische Zwecke, die nach internationaler Konvention als Staatsverbrauch gelten[37], und die Wohnungs-

[33] Aus einem Gespräch der Verfasserin im Statistischen Bundesamt, Wiesbaden, am 26. 6. 1978.

[34] Ebenda.

[35] Diese sind in der Finanzstatistik im Erwerb von beweglichen Sachen enthalten.

[36] Es handelt sich um aktivierbare Güter mit einer Nutzungsdauer von mindestens einem Jahr.

bauinvestitionen der Gebietskörperschaften, die dem Unternehmenssektor zugerechnet werden[38]. Die Käufe von Grundstücken und Anlagen werden mit den entsprechenden Verkäufen saldiert.

Den weitaus größten Teil der öffentlichen Investitionen in der VGR machen die Baumaßnahmen aus. Für ihre Erfassung ist der Zeitpunkt der „Entstehung von Forderungen und Verbindlichkeiten" maßgebend, das heißt der Zeitpunkt der Leistungserstellung. Die Berechnungen erfolgen auf Grund detaillierter Angaben über die Bauproduktion, die durch Angaben der Investoren kontrolliert werden[39]. Angefangene Bauten werden nach internationaler Vereinbarung den Investitionen zugerechnet, während angefangene Ausrüstungen als Vorratsänderungen verbucht werden[40].

Zum Nachweis von Käufen dauerhafter Güter übernimmt die VGR die Angaben der Finanzstatistik, denen die Abgrenzungen der Haushaltspläne von Bund, Ländern und Gemeinden zugrundeliegen. Sie steht damit nicht nur im Widerspruch zu den Zuordnungskriterien im Unternehmenssektor (hier gilt eine Wertgrenze von DM 100, während die Haushaltspläne mit wesentlich höheren und noch dazu verschiedenen Wertgrenzen arbeiten), sondern übernimmt auch die Abgrenzungsunstimmigkeiten, auf die im vorangegangenen hingewiesen wurde. Von daher besteht eine Tendenz, die öffentlichen Investitionen im Vergleich zu den privaten zu niedrig auszuweisen.

---

37 Vgl. Kupka, Günther, Methoden der Berechnung der Anlageinvestitionen in den Volkswirtschaftlichen Gesamtrechnungen, in: Wirtschaft und Statistik 12/1975, S. 757.

38 Vgl. Rahmeyer, Fritz, Ökonomische und politische Hemmnisse einer Erhöhung der Staatsquote, Köln 1975, S. 53.

39 Vgl. Kupka, Günther, S. 757.

40 Vgl. Kupka, Günther, S. 757. Kupka weist weiter darauf hin, daß die Zahlen der VGR über Bauinvestitionen insgesamt (also im Hochbau alle Wohnungs- und Nicht-Wohnungsbauten, im Tiefbau die Verkehrswege aller Art einschließlich der Anlagen, Parks, Friedhöfe etc.) nicht mit dem „Bauvolumen" gleichzusetzen sind. Unter Bauvolumen werden alle in Bauwerke eingehenden Leistungen des Baugewerbes und anderer damit verbundener Wirtschaftszweige verstanden, einschließlich der Bauten für Verteidigungszwecke und aller Reparaturen.

Es gibt jedoch auch Faktoren, die in die Gegenrichtung wirken. So werden im öffentlichen Sektor nur öffentliche Gebäude und bewegliches Sachvermögen abgeschrieben, nicht aber Verkehrswege, Straßen, Brücken usw., „deren Nutzungsdauer schwer bestimmbar ist"[41]. „Bei diesen Anlagen wird unterstellt, daß die laufende Instandhaltung und Ausbesserung den Kapitalverschleiß aufhebt[42]." Die öffentlichen Investitionen werden, so schließt Rahmeyer daraus, „im Vergleich zu den privaten Investitionen zu hoch ausgewiesen"[43].

Die Investitionsförderungsmaßnahmen des Staates erscheinen seit 1975 in der VGR als Vermögensübertragung vom Staat an den Unternehmenssektor. Zuvor war das jeweilige Steueraufkommen um diesen Betrag gekürzt worden[44]. Ebenfalls zu den Vermögensübertragungen gehören Darlehen und Beteiligungen.

2.6 Die Investitionsausgaben von Finanzstatistik und Volkseinkommensstatistik im Vergleich

Ebenso wie es genau genommen keinen einzigen haushaltsrechtlichen Investitionsbegriff gibt, gibt es keine für sich allein gültige statistische Abgrenzung. Die Unterschiede zwischen den Methoden der Finanzstatistik und der VGR bei der Bestimmung der öffentlichen Investitionen führen auch zu erheblichen Abweichungen in den ausgewiesenen Daten, so daß es von Interesse scheint, die beiden der besseren Übersicht wegen noch einmal im einzelnen einander gegenüberzustellen[45].

41 Rahmeyer, Fritz, S. 53.

42 Raabe, Karl-Heinz, Übereinstimmung und Unterschiede in der Definition und Messung der Abschreibungen in betriebswirtschaftlicher und volkswirtschaftlicher Sicht, in: Allgemeines Statistisches Archiv, 41. Bd., München 1957, S. 363.

43 Rahmeyer, Fritz, S. 53. Als weiterer Korrekturfaktor gegenüber den Zahlen für den privaten Bereich und Faktor, der die öffentlichen Investitionen tendenziell höher erscheinen läßt, wäre zu berücksichtigen, daß die Gebietskörperschaften keine Vorsteuer abziehen dürfen und alle ihre Sachausgaben inklusive der effektiv bezahlten Mehrwertsteuer (und gegebenenfalls Investitionssteuer) ausweisen. Vgl. Kupka, Günther, S. 762.

44 Vgl. Hamer, Günter u. a., Revision der volkswirtschaftlichen Gesamtrechnungen 1960 bis 1976, in: Wirtschaft und Statistik 4/1977, S. 230.

Im Bereich der Sachinvestitionen erklären sich die Abweichungen zwischen den Zahlen der Finanzstatistik und denen der VGR hauptsächlich durch die unterschiedliche Abgrenzung des öffentlichen Sektors. So enthält die Finanzstatistik die Investitionen der Bruttounternehmen und die Investitionen im Wohnungsbau, die in der VGR dem Unternehmenssektor zugerechnet werden. In umgekehrter Richtung beeinflussen die Investitionen der Sozialversicherungsträger das ausgewiesene Ergebnis: sie sind in der VGR enthalten, nicht aber in der Finanzstatistik. 1975 machte die Abweichung auf Grund der unterschiedlichen sektoralen Abgrenzung nach Schätzung des statistischen Bundesamtes rund 4 Mrd DM aus, um die die Zahlen der Finanzstatistik höher lagen.

Die zahlenmäßig größte Abweichung entsteht im Bereich der Investitionsförderungsmaßnahmen zugunsten des privaten Sektors, die die Finanzstatistik zu den „öffentlichen Investitionen" zählt. Die VGR splittet diese Maßnahmen in Vermögensübertragungen an Unternehmen, private Haushalte und die übrige Welt auf, zieht Darlehen und Beteiligungen des öffentlichen Sektors ab und korrigiert die Finanzstatistik noch um einige weitere kleine Posten.

Die sachlichen Abweichungen erhöhen die Zahlen der Finanzstatistik gegenüber denen der VGR. So zieht die VGR von den Ausgaben für Tiefbaumaßnahmen, die in der Finanzstatistik ausgewiesen werden, alle Baumaßnahmen an bestehenden Verkehrswegen ab und schlägt sie den laufenden Staatsausgaben zu. Ein weiterer, quantitativ ins Gewicht fallender Posten sind die Verkäufe von gebrauchten Anlagen und Land, die in der VGR im Unterschied zur Finanzstatistik gegen die Käufe aufgerechnet werden.

Schließlich ergibt sich eine Differenz auf Grund der zeitlichen Erfassung der Investitionen. Die VGR richtet sich nach der Leistungserstellung, die Finanzstatistik nach der kassenmäßigen Auszahlung. In welcher Richtung und in welchem Umfang beides voneinander abweicht, hängt von der Zah-

[45] Die Verfasserin dankt dem Statistischen Bundesamt, auf dessen Ausarbeitungen die folgenden Angaben und die Tabelle beruhen.

Tabelle 2

Die öffentlichen Investitionen in Finanzstatistik und VGR — eine vergleichende Übersicht

Finanzstatistik	*Volkswirtschaftliche Gesamtrechnung*
a) Abgrenzung des öffentlichen Sektors	
Gebietskörperschaften Bund mit LAG und ERP-Sondervermögen Länder einschl. Stadtstaaten	Gebietskörperschaften Bund mit LAG und ERP Länder einschl. Stadtstaaten
Gemeinden und Gemeindeverbände (juristische Personen, deren Mittel überwiegend aus öffentlichen Zuschüssen stammen)	Gemeinden und Gemeindeverbände (geplant: Organisationen ohne Erwerbscharakter, deren Mittel überwiegend aus öffentlichen Zuschüssen stammen)
	Sozialversicherung Rentenversicherung der Arbeiter Rentenversicherung der Angestellten Knappschaftliche Rentenversicherung Altershilfe der Landwirte Gesetzliche Krankenversicherung Gesetzliche Unfallversicherung Arbeitslosenversicherung Zusatzversorgungseinrichtungen
Bemerkungen	
Der öffentliche Sektor der Finanzstatistik enthält auch die brutto im Haushalt verbuchten Unternehmen des Staates und den öffentlichen Wohnungsbau	Der Sektor Staat in der VGR enthält *nicht* die in Eigentum der Gebietskörperschaften und der Sozialversicherung befindlichen Unternehmen, unabhängig von ihrer Rechtsform, und *nicht* den Wohnungsbau des Staates.

	Finanz-statistik	VGR	Bemerkungen
b) Abgrenzung der öffentlichen Investitionen			
aa) Umfang			
Bruttoanlageinvestitionen			Ohne dauerhafte Ausrüstungsgüter und Bauten für Verteidigungszwecke; ohne Käufe dauerhafter Güter durch private Haushalte, jedoch einschließlich Wohngebäude und Wohnungen im Eigentum privater Haushalte. Bauten enthalten auch werterhöhende Reparaturen und Umbauten.
Neue Anlagen	×	×	
Bauten	×	×	
Ausrüstungen	×	×	
Selbsterstellte Anlagen	×	×	
Bauten	×	×	
Ausrüstungen	—	×	Selbsterstellung von Ausrüstungen kommt beim Staat nicht vor.
Gebrauchte Anlagen und Land	×	×	In der VGR wird diese Größe um die entsprechenden Verkäufe verkürzt.
Vorrats-veränderungen	—	×	In der VGR beim Staat ausgewiesene Vorratsveränderungen sind in der Finanzstatistik im Erwerb von beweglichen Sachen enthalten.
Investitions-förderung	×	—	In der VGR verbucht als Vermögensübertragungen an Unternehmen, private Haushalte und übrige Welt; Darlehen und Beteiligungen sind ebenfalls nicht im Investitionsbegriff der VGR enthalten.

	Finanz- statistik	VGR	Bemerkungen
bb) Einordnungskriterien			
Dauer- haftigkeit	Mindestens ein Jahr	Mindestens ein Jahr	
Wert- grenze	Unterschied- liche bei staatl. und kommunalen Haushalten[a]	Unter der Grenze der steuerlichen Regelung (allg.)	Für die Ausrüstungs- käufe des Staates gilt in der VGR als Abgrenzung die Wert- grenze der Finanz- statistik
Bewertung	Kosten ein- schließl. aller Nebenaus- gaben	Kosten ein- schließl. aller Nebenaus- gaben	Enthalten sind auch der nicht abzugsfä- hige Teil der Umsatz- steuer und die zeit- weise geltende Inve- stitionssteuer.
Buchungs- zeitpunkt	Bei Zahlung	Entstehung von Forde- rungen und Verbindlich- keiten	Angefangene Bauten werden bereits zum Zeitpunkt der Pro- duktion den Anlage- investitionen zuge- rechnet.
Räumliche Abgrenzung	Alle über die Haushalte ab- gewickelten Käufe von Anlagen un- abhängig vom Verwen- dungsort	Alle im Gebiet der Bundesrepu- blik getätig- ten Investi- tionen	Angaben der VGR enthalten auch die Anlageinvestitionen in exterritorialen Ge- bieten.

[a] Vgl. Tabelle 1, S. 19.

Quelle: Zusammenstellung nach Angaben des Statistischen Bundesamtes.

lungsweise der öffentlichen Haushalte und vom Umfang der Voraus-, An- und Restzahlungen ab.

2.7 Zur Kritik am Investitionsbegriff der Statistik

Da die Finanzstatistik auf den Haushaltsplänen der Gebietskörperschaften beruht, erübrigt sich eine kritische Betrachtung ihres Investitionsbegriffs. Für ihn gelten die gleichen Einwände, die gegen den haushaltsrechtlichen Investitionsbegriff vorgetragen wurden. Das gleiche läßt sich für die VGR sagen, soweit sie — wie bei den Käufen dauerhafter Güter — ihrerseits auf die Angaben der Finanzstatistik zurückgreift. In ihrem Fall kommt noch hinzu, daß nicht nur die Abgrenzungsdifferenzen innerhalb des öffentlichen Sektors in die Daten der VGR hineingetragen werden, sondern zusätzliche Unterschiede gegenüber den anderen Sektoren entstehen.

Darüber hinaus sind folgende Kritikpunkte anzuführen:

— Die Abgrenzung des öffentlichen Sektors

Aus der Sicht der gestellten Definitionsaufgabe erschien es sinnvoll, alle diejenigen Investitionen unter die „öffentlichen" zu fassen, die mit Hilfe öffentlicher Mittel finanziert werden. Wird die Abgrenzung des öffentlichen Sektors in den Statistiken diesem Kriterium gerecht?

Sowohl Finanzstatistik als auch VGR haben den öffentlichen Sektor institutionell abgegrenzt[46]. Die Finanzstatistik

[46] Eine andere Möglichkeit läge darin, den öffentlichen Bereich nach der Aufgabenstellung abzugrenzen und darunter jenen Teil der Wirtschaft zu erfassen, der „Kollektivbedürfnisse" befriedigt. Dieser Versuch scheitert jedoch an der Schwierigkeit, die „Kollektivbedürfnisse" inhaltlich zu bestimmen. Welche Güter der öffentliche Sektor abgesehen von den öffentlichen Gütern im engen Sinne bereitstellen soll, ist politischer Entscheidung unterworfen und im Zeitverlauf änderbar. Vgl. u. a. Schmidt, Kurt, Zur Geschichte der Lehre von den Kollektivbedürfnissen, in: Kloten, Norbert u. a. (Hrsg.), Systeme und Methoden in den Wirtschafts- und Sozialwissenschaften, Erwin v. Beckerath zum 75. Geburtstag, Tübingen 1964, S. 335 bis 362; derselbe, Zur ordnungspolitischen Problematik wachsender Staatsausgaben, in: Timm, Herbert / Haller, Heinz, (Hrsg.), Beiträge zur Theorie der öffentlichen Ausgaben, Schriften des Vereins für Socialpolitik, NF Bd. 47, Berlin 1967, S. 157; Littmann, Konrad, Zunehmende Staatstätigkeit und wirtschaftliche Entwicklung, Köln / Opladen 1957, S. 35 und Fußnote 70 ebenda. Zur Charakteristik der öffentlichen Güter vgl. Zimmermann, Horst / Henke, K.-D., Einführung in die Finanzwissenschaft, München 1975, S. 46.

umfaßt den Bund und seine Sondervermögen, Länder und Stadtstaaten, Gemeinden und Gemeindeverbände; Bruttounternehmen gehen vollständig in die Daten ein, Nettounternehmen nur mit ihrem Finanzierungssaldo. Zuwendungen an Dritte für Investitionszwecke werden den „öffentlichen Investitionen" zugerechnet. Das bedeutet, daß nahezu alle Institutionen enthalten sind, die mit öffentlichen Mitteln Investitionen finanzieren, wenn man unterstellt, die Nettounternehmen und die Sozialversicherungsträger tätigten ihre Investitionen aus eigenen Mitteln oder mit Hilfe von als Investitionsförderungsmaßnahmen klassifizierten Zuwendungen[47]. Die VGR grenzt den Staatssektor anders ab: sie nimmt die Sozialversicherung dazu und gliedert auf der anderen Seite die unternehmerische Tätigkeit des Staates weitestgehend aus dem Staatssektor aus. Die Investitionsförderungsmaßnahmen sind ebenfalls nicht in den öffentlichen Investitionen der VGR enthalten. Vom Aussageziel der Volkseinkommensstatistik her, die Wertschöpfung der Sektoren zu beschreiben, ist es sinnvoll, die Förderung von Investitionen bei Dritten *nicht* als Investition des öffentlichen Sektors aufzufassen, weil sich die eigentliche Wertschöpfung in den begünstigten Sektoren vollzieht[48]. Für die vorliegende Definitionsaufgabe gehen aber eine ganze Reihe mit öffentlichen Mitteln finanzierter Investitionen verloren, die im statistischen Investitionsbegriff der VGR fehlen.

— Staatsverbrauch und Vorleistungen

Die Einbeziehung des Staates in die Volkswirtschaftliche Gesamtrechnung wirft aus drei Gründen besondere Schwierigkeiten auf[49]: Erstens sind die Methoden der staatlichen Rechnungslegung organisch gewachsen und nicht in allen

---

47 Wie oben begründet, fehlt allerdings die steuerliche Investitionsförderung.

48 Unter dieser Zielsetzung müßten dann allerdings auch die Käufe von Grundstücken und gebrauchten Anlagen als Vermögensübertragungen verbucht werden, da keine neuen Werte geschaffen werden, sondern lediglich die Besitzverhältnisse wechseln. Vgl. Raske, Winfried, S. 23, und Schörry, Otto, Artikel: Investitionsstatistik, in Handwörterbuch der Sozialwissenschaften Bd. 5, Stuttgart/Tübingen/Göttingen 1956, S. 347.

49 Vgl. dazu Bombach, Gottfried, Staatshaushalt und volkswirtschaftliche Gesamtrechnung, in: Finanzarchiv, NF Bd. 17, 1956, S. 345.

Fällen mit dem Rechnungsschema der VGR vereinbar; Umgruppierungen sind nötig. Zweitens mißt die VGR Einkommensströme mit Hilfe von Marktpreisen; für die meisten staatlichen Leistungen sind jedoch keine Marktpreise vorhanden oder ableitbar. Drittens unterscheidet sich der öffentliche Sektor durch die Art der Finanzierung von den anderen; einseitige Transaktionen (also Geldströme, denen kein direkt zurechenbarer Güterstrom entspricht oder umgekehrt) nehmen ein relativ großes Gewicht ein.

Alle drei Besonderheiten des öffentlichen Sektors spielen eine Rolle bei der Schwierigkeit, die staatlichen Leistungen in solche aufzuteilen, die direkt dem Endverbrauch, das heißt den Haushalten, zufließen, und in solche, die als Vorleistungen in den Unternehmenssektor eingehen. Eine Trennung dieser beiden Komponenten staatlicher Tätigkeit wäre notwendig, wenn Doppelzählungen vermieden werden sollen. Denn die öffentlichen Vorleistungen für den Unternehmenssektor verbessern — ohne explizit zu erscheinen — dessen Ergebnis, sind also in der Wertschöpfung des Unternehmenssektors enthalten; sie werden aber zugleich als Output des öffentlichen Sektors mitgezählt[50]. Für die uns gestellte Definitionsaufgabe ist die Trennung von Vorleistungen und Konsum wiederum interessant, weil zu prüfen sein wird, ob ein Teil dieser Vorleistungen aus wachstumspolitischer Sicht als Investition zu bezeichnen wäre, nämlich als öffentliche Investition der Art, die in der Einleitung als „außengerichtet" gekennzeichnet wurde[51].

Drei Wege wurden beschritten, eine Trennung der beiden Ausgabenarten vorzunehmen[52]. Unter der Bezeichnung tax payments-approach wurde die Zurechnung nach den Steuern versucht: die direkten Steuern von Einzelpersonen galten

---

[50] Vgl. zu diesem Fragenkreis Kuznets, Simon, Government Product and National Income, in: Lundberg, E. (Hrsg.), Income and Wealth, Series 1, Cambridge, 1951, S. 181 ff.

[51] Colm bezeichnet die Vorleistungen zum Beispiel als „wirtschaftsfördernde Ausgaben". Vgl. Colm, Gerhard, Die öffentliche Finanzwirtschaft im Rahmen des Volkseinkommens, in: Allgemeines Statistisches Archiv, Bd. 35, 1951, S. 118.

[52] Vgl. zum folgenden Bombach, Gottfried, Staatshaushalt . . ., S. 368 f.

als Maß für den Beitrag des Staates zum Endprodukt, alle anderen als Maß für seinen Beitrag zur Produktion der Unternehmen. Dieses Vorgehen entbehrte allerdings, so kritisiert Bombach, jeder logischen Grundlage und wurde bald aufgegeben. Eine andere Methode bestand darin, Ausgaben postenweise durchzugehen und von Fall zu Fall über ihre Zuordnung zu entscheiden (specific approach). Nahezu alle Länder beschreiten heute einen dritten Weg, das heißt sie sehen alle Staatsleistungen als unmittelbaren Beitrag zum Sozialprodukt an und nehmen die Doppelzählung der Vorleistungen in Kauf. Dies wäre dann nicht von allzu großer Bedeutung, wenn die Vorleistungen von der Größenordnung her nicht sehr ins Gewicht fielen und sich ihr Anteil im Zeitverlauf auch nicht änderte. Bombach bezweifelte schon in seinem Aufsatz von 1956 beides und hielt das Verfahren angesichts der Größe der öffentlichen Haushalte eigentlich nicht mehr für zulässig. Der Anteil des Staates am Sozialprodukt ist seitdem nicht kleiner geworden, sondern größer.

Für die Definitionsaufgabe läßt sich daraus schließen, daß — die Existenz solcher „außengerichteter" öffentlicher Investitionen vorausgesetzt — im statistischen Ausweis des Verbrauchs noch investive Elemente enthalten sind, deren Bestimmung und Quantifizierung jedoch auf erhebliche Schwierigkeiten stoßen dürfte.

— Die Berücksichtigung von Desinvestitionen

In der Volkswirtschaftlichen Gesamtrechnung werden die Käufe von Grundstücken und Anlagen mit den Verkäufen saldiert. Das heißt, die ausgewiesenen Investitionen sind um die Desinvestitionen gekürzt. Die Finanzstatistik kennt die Einbeziehung von Desinvestitionen nicht. Für die Zweckbestimmung des Investitionsbegriffs, Vermögenszugang und Wachstumswirkung zu beschreiben, ist die Berücksichtigung von Desinvestitionen aber von Bedeutung. Ebenso wäre es aus wachstumspolitischer Sicht wichtig zu wissen, welcher Anteil der ausgewiesenen Investitionsausgaben den Ersatzinvestitionen und welcher Neuinvestitionen zuzurechnen ist, worüber weder Finanzstatistik noch VGR Auskunft geben.

2.8 Schlußfolgerung aus der Bestandsaufnahme

Weder der bestehende haushaltsrechtliche noch der statistische (oder besser die statistischen) Investitionsbegriff(e) werden der Definitionsaufgabe voll gerecht. Das ist erklärlich, da die Abgrenzungen den jeweiligen Zwecken unterworfen sind, denen die Statistik oder die Haushaltsgliederung dienen. Daß man sich der Schwierigkeiten und Unzulänglichkeiten der bestehenden Investitionsbegriffe bewußt war, zeigen die Versuche, die öffentlichen Investitionen unabhängig von der Haushaltsgliederung neu zu gruppieren, um sie als „wachstumsfördernde Ausgaben" vollständig zu erfassen[53]. So wurden im ersten Finanzplan der Bundesregierung „der Anteil der investiven und sonstigen wachstumsfördernden Ausgaben an den Bundesausgaben" als „Investitionsquote" bezeichnet. Der zweite Finanzplan faßte den Investitionsbegriff enger als der erste, schloß aber ebenfalls in die „Investitionsquote" noch weitere „wachstumsfördernde Ausgaben" ein, nämlich

„a) die Wohnungsbauprämien,

b) die Schuldendiensthilfen für Investitionen,

c) die Aufwendungen für Forschung, Entwicklung und Erprobung aus dem Verteidigungshaushalt,

d) die Ausgaben aus dem Einzelplan des Bundesministers für wissenschaftliche Forschung, soweit diese nicht ohnehin zu den Investitionen zu zählen sind,

e) neue Maßnahmen zur Verbesserung der Ausbildungsförderung"[54].

Inzwischen wird zwar immer noch darauf hingewiesen, daß der haushaltsrechtliche Investitionsbegriff sehr eng sei, aber auf eine Ausweitung der „Investitionsquote" um bestimmte Posten verzichtet. Die verschiedenen Erweiterungen des Investitionsbegriffs lassen auch kein Konzept erkennen, son-

---

[53] Die geschilderte Entwicklung ist beschrieben bei Schmidt, Kurt / Wille, Eberhard, Die mehrjährige Finanzplanung, Wunsch und Wirklichkeit, Tübingen 1970, S. 61 ff.

[54] Schmidt, Kurt / Wille, Eberhard, Die mehrjährige Finanzplanung, Wunsch und Wirklichkeit, Tübingen 1970, S. 62.

dern eher auf eine reine Aufzählung nach den jeweiligen Schwerpunkten der politischen Tätigkeit schließen.

Mit den bestehenden Abgrenzungen öffentlicher Investitionen kann die Definitionsaufgabe also nicht als gelöst angesehen werden. Es stellt sich die Frage, welche Anhaltspunkte für eine andere Definition gefunden werden können, die beiden Aussagezwecken des Investitionsbegriffs gerecht würde, beziehungsweise ob es *eine* Definition für Vermögensrechnungszweck und wachstumspolitischen Zweck geben kann. Ein Blick auf den im allgemeinen vertrauteren Bereich der Einzelwirtschaft, der Unternehmen, soll prüfen, ob aus dem einzelwirtschaftlichen Investitionsbegriff Anregungen für eine solche Abgrenzung zu gewinnen sind.

3 Zur Brauchbarkeit des betriebswirtschaftlichen Investitionsbegriffs für die Abgrenzung öffentlicher Investitionen

Die Investitionen von Unternehmen sind seit jeher in wesentlich stärkerem Maße Gegenstand wissenschaftlicher Untersuchungen gewesen, als das im öffentlichen Bereich der Fall ist. Dieser hat von den Ergebnissen der einzelwirtschaftlichen Forschung und deren Umsetzung in die betriebliche Praxis profitiert, zum Beispiel bei der Auswahl und vergleichenden Bewertung von Investitionsvorhaben. In dem Bestreben, die eigenen Entscheidungen, die nicht dem Test im Markt unterliegen, stärker ökonomischen Erfolgskriterien zu unterwerfen, wird versucht, die einzelwirtschaftliche Investitionsrechnung in Form der Cost-Benefit-Analyse für öffentliche Projekte zu übernehmen. Mangels Marktpreisen im öffentlichen Sektor und auf Grund der oft nicht monetär ausdrückbaren Bewertungskriterien stößt dies allerdings auf erhebliche Schwierigkeiten.

An dieser Stelle geht es nicht um die Anwendung betrieblicher Investitionsplanungs- und -rechnungsmethoden im öffentlichen Sektor. Vielmehr soll untersucht werden, ob und inwieweit die einzelwirtschaftliche Definition von Investitionen auf die öffentlichen Ausgaben übertragbar ist.

Dabei erhebt sich gleich zu Anfang eine Schwierigkeit: *Den* einzelwirtschaftlichen Investitionsbegriff gibt es nicht. Der Artikel „Investition" in der Ausgabe des Handwörterbuchs der Betriebswirtschaft von 1976 beginnt mit der Feststellung: „Der Investitionsbegriff wird sowohl in der betriebswirtschaftlichen Literatur als auch in der Wirtschaftspraxis nicht einheitlich verwendet[1]."

3.1 Die betriebswirtschaftlichen Investitionsbegriffe

Der „enge" (traditionelle) Investitionsbegriff[2] ist definiert als „Festlegung vorhandener oder beschaffbarer flüssiger

---

[1] Schwarz, Horst, Investition, in: Handwörterbuch der Betriebswirtschaft, 4. völlig neu gestaltete Auflage, hrsg. von E. Grochla, W. Wittmann, Bd. I/2, Stuttgart 1976, Spalte 1974.

Mittel" in längerlebige Sach- oder Finanzanlagen und in zur Nutzung der Sachanlagen benötigte Teile des Umlaufvermögens[3]. Die naheliegende Frage, was unter „längerlebig" zu verstehen sei, wird im allgemeinen mit dem Hinweis auf die Bilanz beantwortet: Die Nutzungsdauer des Gutes muß ein Jahr und damit den Zeitraum zwischen zwei Bilanzaufstellungen überschreiten. Die Bilanz ist, unter anderem, eine Vermögensrechnung.

Hier finden sich also zwei Gemeinsamkeiten mit dem haushaltsrechtlichen Investitionsbegriff, in dem ebenfalls — zum Beispiel im Gemeindehaushaltsrecht — die periodenüberschreitende Nutzungsdauer als Abgrenzungskriterium einer Investitionsausgabe enthalten ist und der Investition und Vermögensrechnung durch gleiche Wertgrenzen miteinander verbindet.

Der „enge" Investitionsbegriff ist freilich in der Betriebswirtschaftslehre nicht vorherrschend. Die Vertreter eines „weiten" Investitionsbegriffs lehnen die Bindung an die (Bilanz-)Periode ab, da das Bilanzjahr lediglich auf einer Konvention beruhe. Wenn es auf eine Abwägung zwischen Informationsgewinn einerseits und Kosten andererseits nicht ankäme, so könnte beispielsweise auch jeden Monat oder jede Woche eine Bilanz aufgestellt werden. Je kürzer der Zeitraum zwischen zwei Bilanzen wäre, desto mehr Ausgaben würden „periodenüberschreitenden Nutzen" abwerfen.

Zumindest im Bereich der Wissenschaft kann der „ausgabeorientierte Investitionsbegriff"[4] heute als „herrschende Meinung" angesehen werden. Danach ist der Periodenbezug bedeutungslos. Als Investition gilt *jede Ausgabe* von Zahlungsmitteln, die eine Einnahme erwarten läßt. „Eine unternehmerische Entscheidung ist eine Investitionsentscheidung, wenn der durch sie ausgelöste Zahlungsstrom mit einer Aus-

---

[2] Vgl. Schwarz, Horst, ebenda, Spalte 1975.

[3] Vgl. Ebenda.

[4] Müller-Kutzey, Peter, Der Einfluß der Vergabeform von Subventionen auf Kapitalwert und optimale Nutzungsdauer einer Investition, Dissertation, Mainz 1977, S. 3.

gabe beginnt[5]." Während diese Definition von D. Schneider die Zahlungsströme betont, hebt Diederich auch das mit der Ausgabe Erworbene hervor: Als Investition wird „jede Umwandlung von Zahlungsmitteln in die zur Durchführung betrieblicher Prozesse benötigten Leistungen Dritter sowie in Ansprüche verstanden, die im Zusammenhang mit der vorübergehenden Überlassung von Zahlungsmitteln an andere Wirtschaftssubjekte entstehen"[6].

Da der periodenüberschreitende Nutzen als Kriterium für die Abgrenzung der Investition abgelehnt wird, fallen unter den Investitionsbegriff auch Ausgaben für Stoffe, die sofort verbraucht werden, für laufende Dienstleistungen usw. Es gibt nur wenige Ausgaben, die nach der genannten Definition nicht eindeutig den Investitionen zugeordnet werden können, zum Beispiel Dividendenzahlungen oder Rückzahlungen von Darlehen[7]. Genau genommen „verbraucht" das Unternehmen nach dieser Abgrenzung überhaupt nicht, Ausgaben haben grundsätzlich investiven Charakter. Dies läßt sich auch von den Unternehmenszielen her begründen. Jede Ausgabe im Betrieb muß, wird rational gehandelt, letztendlich auf diese Ziele ausgerichtet sein, produktiv in dem Sinne, daß sie einen Beitrag zur Zielerreichung leistet.

„Die Gesamtheit aller im Betriebe eingesetzten Werte findet ihren rechnerischen Ausdruck in zweifacher Weise: einmal als *Kapital,* das die Summe aller vom Unternehmer bzw. von Gesellschaftern zur Verfügung gestellten Mittel (Eigenkapital) und aller von Dritten dem Betrieb überlassenen Mittel (Fremdkapital) darstellt; zum anderen als *Vermögen,* das zeigt, welche Verwendung das Kapital im Betrieb gefunden hat[8]."

---

[5] Schneider, Dieter, Investition und Finanzierung, 4. verbesserte Auflage, Opladen 1975, S. 168.

[6] Diederich, Helmut, Allgemeine Betriebswirtschaftslehre, Bd. I, 5. Auflage, Stuttgart/Berlin/Köln/Mainz 1979, S. 251.

[7] Auch die Dividendenausschüttung ließe sich als Ausgabe interpretieren, von der ein Ertrag, ein Rückfluß, erwartet wird, sei es, daß dieser in der Bereitschaft der Aktionäre bestünde, ihre Anteile zu behalten und zu einer ruhigen Kursentwicklung beizutragen, sei es ihre Bereitschaft, Kapitalerhöhungen aufzunehmen usw.

In der Bilanz stehen also Aktiva = Mittelverwendung = Vermögen und Passiva = Mittelherkunft = Kapital gegenüber. Während die gesamte linke Seite der Bilanz, also Anlage- und Umlaufvermögen, den „Vermögensbereich" ausmacht, erstreckt sich der „Investitionsbereich" nur auf einen Teil der Aktiva: Die Zahlungsmittelbestände (Kasse, Bank- und Postscheckguthaben) sind ausgenommen. Die Geldmittel dienen zum Erwerb von Sachwerten und immateriellen Werten wie Patenten, Lizenzen, Konzessionen und von Arbeits- und sonstigen Dienstleistungen[9]. Sie stellen eine Form der Vermögenshaltung dar. Aber erst die Umwandlung von Finanzierungsmitteln in Güter (materielle und immaterielle) kennzeichnet die „Investition". Der „Investitionsbereich" der Bilanz ist somit „kürzer" als der „Vermögensbereich"[10].

Umfassender sieht allerdings Müller-Kutzey in Anlehnung an Schwantag den Investitionsbereich. Investition ist für ihn „jede Konkretisierung von abstraktem Kapital (Eigenkapital, Fremdkapital) in Sachkapital, d. h. Vermögen in Form von Sachgütern, Diensten oder Rechten aller Art. Der Erwerb von Zahlungsmitteln oder Maschinen ist somit ebenso eine Investition (Stromgröße) wie die Kassenhaltung oder der Maschinenbestand (Bestandsgröße)"[11]. Zur Begründung dafür, auch die Zahlungsmittel in den Investitionsbereich einzubeziehen, führt Müller-Kutzey an: Erstens sei Kassenhaltung eine Alternative zur Erreichung des Unternehmensziels. „Wenn Kassenhaltung und Nichtkassenhaltung (Überführung von Zahlungsmitteln in andere Vermögensformen) zwei gleichgeartete Elemente eines Entscheidungsfeldes sind, ist es zweifelhaft, sie unterschiedlich zu benennen und zu behandeln[12]." Zum zweiten sei Kassenhaltung notwendig, um den Betriebsablauf aufrechtzuerhalten, und damit unmittelbarer Bestandteil der Investition. Eine „betriebswirtschaftlich voll-

---

[8] Wöhe, Günter, Bilanzierung und Bilanzpolitik, 4. neubearbeitete Auflage, München 1976, S. 29; Hervorhebungen im Original.

[9] Vgl. ebenda, S. 30.

[10] Vgl. ebenda, S. 62.

[11] Müller-Kutzey, Peter, S. 3.

[12] Müller-Kutzey, Peter, S. 4, Fußnote 1.

ständige" Bilanz sehe demzufolge so aus, daß alle Aktiva zum Investitionsbereich, alle Passiva zum Finanzierungsbereich gehörten. Mit dem Kauf einer Maschine wären ein Investitions- und ein Desinvestitionsvorgang verbunden, denn das Anlagekonto erführe eine Erhöhung, der Zahlungsmittelbestand würde sinken, und „jede Mehrung (Minderung) eines Einzelkontos (stellt) eine positive (negative) Investition/Finanzierung dar"[13].

3.2 Investitionswirkungen als begriffsbildende Merkmale

Bei den betrieblichen Finanzierungsbegriffen ist die Verknüpfung von Investition mit dem Schaffen von Vermögen zumindest zum Teil ein begriffsbildendes Merkmal. In diesen Fällen ist von der Definition des Vermögens auch der Investitionsbegriff abhängig.

Nun ist allerdings die Abgrenzung dessen, was Vermögen ist, keineswegs so eindeutig, wie es den Anschein haben könnte. Die vorhandenen betrieblichen Vermögensrechnungen unterliegen spezifischen Zwecken und Fragestellungen, und entsprechend diesen Zwecken grenzen sie „ihren" Vermögensbegriff ab. So läßt sich aus der Bilanz nur der Teil des betrieblichen Vermögens ablesen, der nach den einschlägigen Vorschriften aktivierungsfähig ist. Die Vorschriften über die Aktivierbarkeit und die Bewertung der Güter richten sich nach steuerrechtlichen und handelsbilanzpolitischen Zielsetzungen — zum Beispiel der des Gläubigerschutzes — und nicht nach der ökonomisch „richtigen" Erfassung der betrieblichen Aktiva. Hax stellt fest: „Es gibt . . . unentbehrliche Investitionen erheblichen Ausmaßes, die auf Grund allgemein anerkannter Bilanzierungsregeln überhaupt nicht oder nur in Ausnahmefällen aktiviert werden können. Dazu gehören die meisten Aufwendungen für Forschung und Entwicklung, ebenso die Aufwendungen für Werbung, für den Ausbau der Innen- und Außenorganisation, für die Ausbildung von Führungskräften oder von Verkäufern und weiterhin der überwiegende Teil der Sozialinvestitionen (Wohlfahrtsauf-

---

[13] Ebenda, S. 5.

wendungen für die Belegschaft)[14]." Ähnlich heißt es im Wirtschaftsprüfer-Handbuch, das als Kompendium den allgemeinen Stand der Diskussion widerspiegelt: „Lebenswichtige Investitionen, denen man keine speziellen Einnahmen als Rückflüsse zurechnen kann, gehören dazu; Investitionen im Sozialbereich, in der Ausbildung, im Umweltschutz ...[15]." Damit wird die einmütige Feststellung, zum Vermögen gehörten alle Aktiva des Unternehmens, offen für unterschiedliche Interpretationen, je nachdem, was zu diesen Aktiva gerechnet wird. Entsprechend offen wird der Investitionsbegriff in der Sicht der Investition als Vermögenszugang.

In der betriebswirtschaftlichen Literatur der jüngeren Zeit findet sich eine ganze Reihe von Versuchen, das heute in den Bilanzen nicht ausweisbare Vermögen systematisch darzustellen; Ansatzpunkte sind insbesondere das sogenannte Humanvermögen und das gespeicherte technische Wissen und Können. Die nachstehende Übersicht von Schoenfeld gibt ein Beispiel (vgl. Abb. 4).

Das Bestreben, das Humankapital als Vermögensgut des Unternehmens auszuweisen, ist in der Erkenntnis begründet, daß die Mitarbeiter des Unternehmens wesentlich zum Erfolg beitragen und den Zukunftserfolgswert beeinflussen[16]. Die meisten Arbeiten befassen sich daher nicht mehr mit der Frage, *ob* Humanvermögen als Vermögensbestandteil des Unternehmens zu bezeichnen sei, sondern versuchen, das *Wie* zu beantworten, vor allem die Frage der Bewertung. Da seit Abschaffung der Sklaverei Marktpreise für Menschen — von Fußballspielern abgesehen — nicht existieren, wird nach anderen Maßstäben gesucht, das im Betrieb gebundene

---

[14] Hax, Karl, Langfristige Finanz- und Investitionsentscheidungen, in: HdW Handbuch der Wirtschaftswissenschaften, 2. Auflage, Band 1, Köln und Opladen 1966, S. 404.

[15] Wirtschaftsprüfer(WP)-Handbuch 1977, hrsg. vom Institut der Wirtschaftsprüfer in Deutschland e. V., Düsseldorf 1977, S. 1261.

[16] Die Feststellung „Unsere Mitarbeiter und Angestellten erwiesen sich wieder einmal als der wichtigste und wertvollste Vermögensbestandteil der Firma" sei, so Weiermair, häufig in Geschäftsberichten zu finden, es fehlte jedoch bisher meist eine konkretere Angabe über den Wert dieses Vermögensgutes. Vgl. Weiermair, Klaus, Über die Bewertung des betrieblichen Personalkapitals, in: BFuP, 28. Jahrgang, 3/1976, S. 255.

Abbildung 4: **Betriebliche Ressourcen**

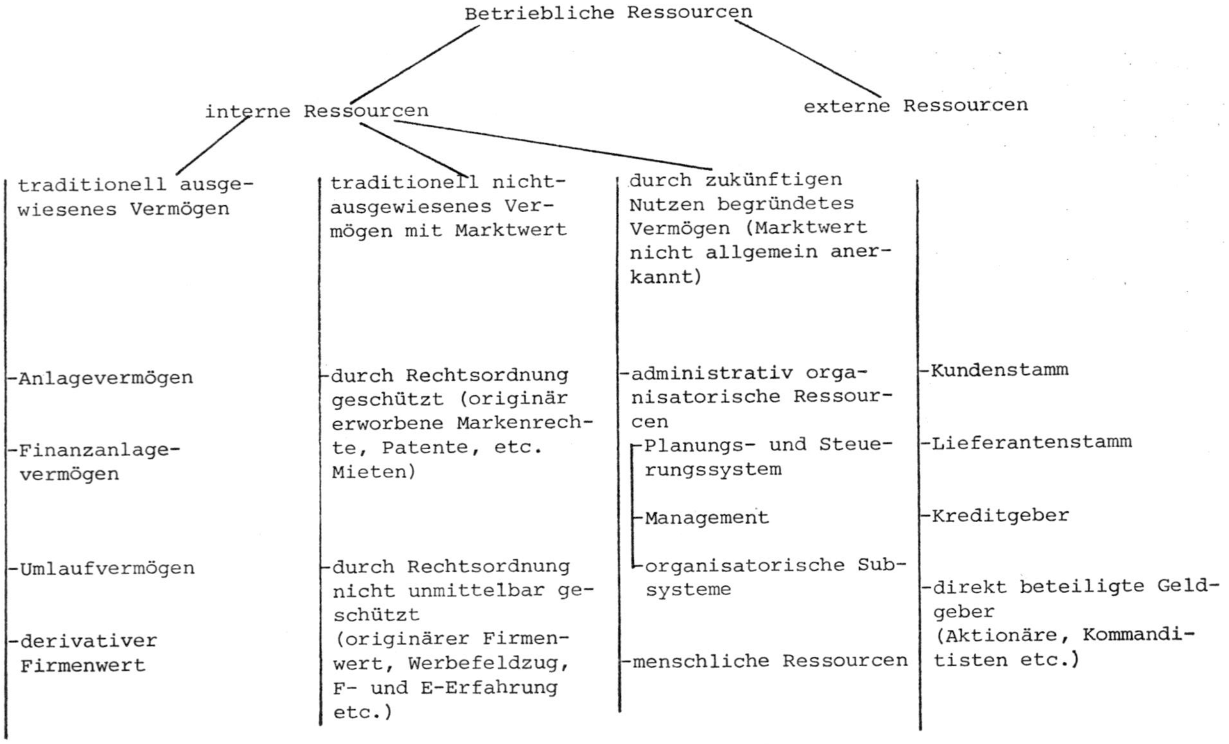

Quelle: Schoenfeld, Hanns-Martin, Die Rechnungslegung über das betriebliche „Human-Vermögen". Eine kritische Betrachtung des Entwicklungsstandes, in: BFuP, 26. Jahrgang, Januar 1974, S. 7.

Humanvermögen zu quantifizieren. Diskutiert und teilweise angewandt werden kostenorientierte, wertorientierte und nicht monetäre Bewertungsansätze[17]. Eichhorn zeigt ein Beispiel für eine gesellschaftsbezogene Bilanz, in der Humanvermögen ausgewiesen wird. Ihm stehen „Humanschulden" gegenüber, die sich aus unterlassenen Aktivitäten zugunsten beziehungsweise aus Aktivitäten zu Lasten der Belegschaft ergeben und quasi Verbindlichkeiten gegenüber dieser Gruppe darstellen[18]. Solche unternehmensbezogenen Rechnungen sind jedoch (bisher) nicht übertragbar: Zum einen gibt es noch keine allgemein anerkannte Berechnungsmethode, die die Einzelrechnungen vergleichbar und addierbar machte, zum anderen mangelt es an einer Überprüfbarkeit der Ergebnisse[19].

Die vorangegangene Abgrenzung des einzelwirtschaftlichen Investitionsbegriffs war auf den Vermögenseffekt der Investition bezogen. Aus einem anderen Blickwinkel erscheint die Investition als strategisches Mittel zur Erreichung der Unternehmensziele, wie Erhaltung bzw. Ausweitung des Marktanteils, Gewinnerzielung, Wachstum etc.[20] Sehr deutlich wird die zielbezogene Sicht der Investitionen in einer Abhandlung des Arbeitskreises Hax der Schmalenbach-Gesellschaft über „Investitions- und Finanzierungsentscheidungen im Rahmen langfristiger Unternehmenspolitik"[21]. Der Arbeitskreis begreift Investitionsentscheidungen als Ausdruck langfristiger Unternehmenspolitik und betont ihre Rolle für die Unternehmensstrategie. Das Zielbündel, an dem sich die Investi-

17 Vgl. ebenda, S. 261 ff.

18 Vgl. Eichhorn, Peter, Gesellschaftsbezogene Unternehmensrechnung, Kommission für wirtschaftlichen und sozialen Wandel, Bd. 30, Göttingen 1974, S. 93 ff.

19 Vgl. Schoenfeld, Hanns-Martin, S. 27.

20 Bei einer 1974 in der schweizerischen Maschinenindustrie vorgenommenen Befragung lagen folgende Unternehmensziele auf den Rängen 1 - 5: Gewinn, Rentabilität, Sicherheit, Marktanteil und Wachstum. Vgl. Brauchlin, Emil, Unternehmensphilosophie, in: Industrielle Organisation, 1/1979, S. 45.

21 Vgl. Arbeitskreis Hax der Schmalenbach-Gesellschaft, Investitions- und Finanzierungsentscheidungen im Rahmen langfristiger Unternehmenspolitik, in: Zeitschrift für betriebswirtschaftliche Forschung, 12/1970, S. 741 bis 770.

tionsentscheidungen orientieren, enthält güterwirtschaftliche und finanzielle Ziele. Gesamtwirtschaftlich seien, so der Arbeitskreis, die güterwirtschaftlichen Ziele wie Kapazitätsauslastung, Substanzerhaltung und Wachstum von Bedeutung, da es um die Deckung des volkswirtschaftlichen Bedarfs an Gütern und Dienstleistungen gehe. Aus einzelwirtschaftlicher Sicht stünden dagegen die finanziellen Ziele im Vordergrund, das heißt die Ausschüttungen an Anteilseigner, Management und Belegschaft, die Erhaltung des finanziellen Gleichgewichts usw.[22]

Beide „Zielarten" stehen jedoch in engem Zusammenhang: Die Maximierung des langfristigen Gewinns und die Erhaltung des finanziellen Gleichgewichts setzen die Erfüllung der Ziele aus dem güterwirtschaftlichen Bereich, wie Haltung und Ausweitung des Marktanteils, Kapazitätsauslastung usw. voraus.

In der zielbezogenen Abgrenzung des Arbeitskreises werden Investitionen als *Schaffung neuer Produktionsmöglichkeiten* definiert[23]. Dazu genügt es jedoch nicht, das Sachvermögen des Produktionsbereichs durch Investitionen zu vergrößern. Ein vergrößerter Absatz, so wird argumentiert, bedinge zum Beispiel auch eine entsprechende Erhöhung der Kredite an die Kundschaft. Da diese Erhöhung notwendiger Bestandteil der Kapazitätsausweitung sei, liege auch hier eine Investition vor. „Dennoch wird die Ausdehnung des Investitionsbegriffs über Sachanlagen hinaus auf die Vergrößerung des Umlaufvermögens im praktischen Sprachgebrauch nicht als selbstverständlich empfunden[24]."

Aber auch damit sind die für ein Unternehmenswachstum notwendigen Investitionen noch nicht abgedeckt. Die Erweiterung oder Änderung des Produktionsprogramms erfordert nicht nur die Beschaffung von Sachanlagen und Vorräten.

---

[22] Vgl. ebenda, S. 743.

[23] Vgl. ebenda, S. 746; Hervorhebung v. V. Damit wird von Erhaltung und Ersatz abgesehen und lediglich die *Netto*investition betrachtet. Auch darin liegt ein Bezug auf das Wachstumsziel. Interessant ist der *Zuwachs* an Produktionsmöglichkeiten gegenüber dem Istzustand.

[24] Ebenda, S. 746.

Der Investitionsprozeß wird eingeleitet durch Anstrengungen und Ausgaben im Bereich der Forschung und Entwicklung, es müssen zusätzliche qualifizierte Mitarbeiter eingestellt, andere geschult werden, und es sind Bemühungen um die Erschließung neuer Absatzmärkte nötig. Alle diese Ausgaben bilden die Voraussetzung dafür, daß die zusätzliche Produktion überhaupt abgesetzt werden kann. „Insofern sind diese Ausgaben als Investitionen im güterwirtschaftlichen Sinne anzusehen[25]." Der Arbeitskreis nennt sie „Potentialinvestitionen".

Da der Arbeitskreis die Investition als Schaffung *neuer* Produktionsmöglichkeiten erklärt, muß der laufende Produktionsprozeß dagegen abgesetzt werden. Folglich klammert der Arbeitskreis die laufenden Ausgaben aus dem Investitionsbegriff aus. Allerdings, so gibt er zu, sei die Abgrenzung der laufenden Ausgaben schwierig, vor allem bei den Potentialinvestitionen. Entscheidend sei die mehrmalige, das heißt periodenüberschreitende Nutzungsmöglichkeit; die „einmalige Auszahlung" sei als Kriterium unzureichend, da zum Beispiel auch eine Investition wie die Fortbildung eines Mitarbeiters zu laufenden Zahlungen führen könne, die sich über mehrere Jahre hinziehen[26]. Aber auch der periodenüberschreitende Nutzen als Abgrenzungshilfe ist nicht immer eindeutig festzustellen.

Eine weitere Schwierigkeit liege darin, daß bei vielen „strategischen Investitionen", die lebenswichtig für das Unternehmen seien, keine speziellen Einnahmen als Rückflüsse aufträten, so daß keine Investitionsrechnung im üblichen Sinne aufgestellt werden könne. Das gelte zum Beispiel für die meisten Investitionen im Sozialbereich[27].

---

[25] Arbeitskreis Hax der Schmalenberg-Gesellschaft, S. 746.

[26] Vgl. ebenda, S. 748 f.

[27] Vgl. ebenda, S. 757.

3.3 Zur Übertragbarkeit der einzelwirtschaftlichen Investitionsbegriffe auf die Ausgaben des öffentlichen Sektors

Was läßt sich aus der Betrachtung des betriebswirtschaftlichen Investitionsbegriffs (oder der -begriffe) für die Abgrenzung öffentlicher Investitionen ableiten?

3.3.1 Periodenbezug, Ausgangsinvestition und Folgekosten

Der „weite" Investitionsbegriff der Betriebswirtschaftslehre entstand unter anderem aus der Überlegung, daß jede Periodenabgrenzung auf Konvention beruht. Auch das finanzwirtschaftliche Haushaltsjahr ist Konvention. Insofern hat jede öffentliche Ausgabe periodenüberschreitenden Charakter, da die Länge der Periode keine gegebene Größe ist.

Die Finanzwissenschaft hält sich gleichwohl an die Konvention, daß „Konsum" all das umfaßt, was in der Periode untergeht — wobei Konsument nicht der Staat, sondern letzten Endes der Bürger ist —, und nur Ausgaben mit periodenüberschreitendem Nutzen als Investition zu bezeichnen sind. Im folgenden soll an dieser Unterscheidung festgehalten werden, weil ein so weiter Investitionsbegriff, wie der in der Betriebswirtschaftslehre verwandte, der fast nichts ausgrenzt, wenig brauchbar erscheint. Dennoch ist es sicher von Nutzen, sich vor Augen zu halten, daß es sich auch beim Haushaltsjahr um eine Konvention handelt und daß die Aufteilung in Verbrauch und Investitionen sich verändert, wenn die Periode anders definiert wird.

Die Konsequenz des „weiten" Investitionsbegriffs der Einzelwirtschaftslehre ist, wie dargestellt, daß der Betrieb — grob gesprochen — nur investiert. Es gibt nicht Investitionen einerseits und laufende (konsumtive) Ausgaben andererseits, sondern Ausgangs- und Folgeinvestitionen bilden zusammen die (Gesamt-)Investition[28]. Übertrüge man diese weite De-

[28] Der Erwerb eines Vermögensgutes ist beispielsweise die „Ausgangsinvestition". Alle mit dieser ursprünglichen Anschaffung in Verbindung stehenden weiteren Ausgaben, gleich welcher Art, gelten als „Folgeinve-

finition auf den öffentlichen Sektor, so bestünde der öffentliche Haushalt nur aus Transferausgaben und Investitionen. Jede Ausgabe, die nicht reine Übertragung von Zahlungsmitteln auf Dritte wäre, also jede Realausgabe, wäre stets als Investition zu bezeichnen. Da die Folgekosten öffentlicher Investitionen (in der haushaltsrechtlichen Abgrenzung) teilweise erhebliche Beträge ausmachen, würde eine solche Ausweitung des Investitionsbegriffs den haushaltsrechtlichen Investitionsbegriff und mit ihm die Investitionsquote im Haushalt wesentlich verändern[29]. Darum sei auf die Folgekosten öffentlicher Investitionen etwas genauer eingegangen.

Wer die Investitionsausgaben im Haushaltsplan eines Landes oder einer Gemeinde überfliegt, wird schnell feststellen, daß sie Teil eines größeren Ausgabenkomplexes sind, der sich auf bestimmte Zwecke oder Funktionen bezieht. Ein Schulgebäude samt der Erstausstattung mit Tischen, Stühlen, Tafeln, Büchern usw. ist nutzlos, wenn es keine Lehrer gibt, die in ihm unterrichten. Außerdem verursacht es Jahr für Jahr Unterhaltungskosten. Dies gilt nicht nur für Baumaßnahmen. Der Kauf von Hunden für die Polizei (Gr. 813) zieht Ausgaben für Futter und Pflege und für die Ausbildung der Tiere nach sich.

Diese sogenannten Folgekosten sind in der Regel nicht im Investitionshaushalt zu verbuchen, sie erhöhen die sächlichen Verwaltungsausgaben und die Personalkosten. Schmidt stellt fest: „... ist zu berücksichtigen, daß konsumtive und investive Ausgaben oft in einem komplementären Verhältnis zueinander stehen. Eine erhebliche Ausweitung der staatlichen Investitionen kann wegen Folgekosten zu einem größeren Gewicht der konsumtiven Ausgaben in Zukunft führen[30]."

---

stitionen". Beide — Ausgangs- und Folgeinvestition(en) — bilden zusammen den Investitionsprozeß oder, kurz, die Investition. Vgl. Müller-Kutzey, Peter, S. 5 und S. 15 f.

[29] Der weite Investitionsbegriff der Betriebswirtschaftslehre sieht die Folgekosten der Ausgangsinvestition ja — s. o. — als Bestandteil der Gesamtinvestition. Vgl. auch S. 64

[30] Schmidt, Kurt, Gutachten zur Auffassung des Rechnungshofes des Landes Rheinland-Pfalz über Begriff und Anwendung der „finanziellen

Es gibt nur wenige Daten über das durchschnittliche Ausmaß der Folgekosten öffentlicher Investitionen[31]. Besondere Aufmerksamkeit fand daher eine inzwischen schon in der 2. Auflage erschienene Broschüre des rheinland-pfälzischen Finanzministeriums zu diesem Thema[32]. Das Ministerium hat in Zusammenarbeit mit dem WEMA-Institut für empirische Sozialforschung in Köln ausgewählte Projekte des Hoch- und Tiefbaus auf ihre Folgekosten hin überprüft, die „an Hand der Investitionsschwerpunkte des Landeshaushalts und der kommunalen Haushalte ausgewählt wurden"[33].

Danach ergeben sich folgende Durchschnittswerte (vgl. Tabelle 3).

Die Schwierigkeit solcher Berechnungen liegt darin, daß die Haushaltspläne kaum Angaben über Folgekosten ermöglichen[34]. Personal- und sächliche Verwaltungsausgaben werden insgesamt ausgewiesen, wieviel davon auf einzelne Projekte entfällt, kann nicht abgelesen werden. Instandsetzungsarbeiten werden häufig mit kleineren Um- und Ausbauten verbunden, die Kosten werden dann gemeinsam bei den Baumaßnahmen verbucht, obwohl Unterhaltungskosten an sich nicht dazu gehören. Zinskosten sind wegen der Aufhebung der Objektbindung bei der Kreditaufnahme nicht zurechenbar, und Abschreibungen erscheinen nicht in den Haushaltsrechnungen. Auch ist den Haushaltsplänen nicht zu entnehmen, ob es sich im Einzelfall bei der Investitionsausgabe um eine Ersatzinvestition handelt, bei der nur bisher schon anfallende Folgekosten weiterlaufen, oder um eine Neuinvestition, die mit zusätzlichen Folgekosten verbunden ist. Daher sind jedes

---

Leistungsfähigkeit" sowie über daraus ableitbare Folgerungen für den Landeshaushalt, 1. Juni 1976, Manuskript.

[31] Das Deutsche Institut für Urbanistik, Berlin, arbeitet zur Zeit an einer Untersuchung zum Thema Folgekosten. Die Ergebnisse lagen zum Zeitpunkt der Abfassung dieser Arbeit aber noch nicht vor.

[32] Ministerium der Finanzen Rheinland-Pfalz (Hrsg.), Folgekosten öffentlicher Investitionen, 2. unveränderte Auflage, Mainz 1975.

[33] Ebenda, S. 8.

[34] Der mittelfristige Investitionsplan der Stadt Nürnberg enthält eine Rubrik „nachrichtlich: künftige jährliche Folgelasten mit und ohne Schuldendienst", in der die Folgekosten grob geschätzt sind. Ob und inwieweit auch andere Gebietskörperschaften solche Angaben machen, entzieht sich der Kenntnis der Verfasserin.

Tabelle 3

Jährliche Folgekosten[a] in Prozent der Herstellungskosten

Projekt	Folgekosten insgesamt[b]	darunter Betriebs- u. Unterhaltungskosten	darunter kalkul. Abschreibung[c]
Verkehrsanlagen			
a) Bundesautobahnen	9,7	0,4	0,8
b) Bundesstraßen	9,4	0,4	0,5
c) Landesstraßen	9,8	0,9	0,4
d) Kreisstraßen	9,6	0,7	0,4
Kläranlagen	19,5	6,0	5,0
Universitäten			
a) Geisteswissensch.	18,3	6,6	3,2
b) Ing. und Naturw.	18,4	5,9	4,0
c) Medizin, Biologie, Chemie	23,2	9,7	5,0
Schulen	31,0	20,0	2,5
dar.: Lehrpersonal	14,0	14,0	
Kindergärten	31,0	20,0	2,5
Turn- und Sporthallen	16,5	4,0	4,0
Hallenbäder	20,5	7,0	5,0
Sportplätze	13,5	3,0	2,0
Freibäder	15,5	3,0	4,0
Krankenhäuser	26,0	13,0	4,5

[a] Folgekosten beinhalten Unterhaltungs-, Betriebs-, und Verwaltungskosten einschließlich der Personalkosten, kalkulatorische Abschreibungen und Zinsen.

[b] Einschließlich kalkulatorischer Zinsen von jeweils 8,5 %.

[c] Die Berücksichtigung der kalkulatorischen Abschreibung in den Folgekosten ist umstritten. Wenn die Abschreibungen zur Kapitalsubstanzerhaltung vorgenommen werden, enthalten die Folgekosten die Kosten der Ersatzinvestition; soll die Abschreibung den Wertverzehr ausdrücken, enthält sie die periodisierten Kosten des Investitionsprojektes selbst.
Vgl. Lang, Eva, Folgekosten öffentlicher Investitionen, in: Wirtschaftsdienst 10/1978, S. 523.

Quelle: Ministerium der Finanzen Rheinland-Pfalz, Folgekosten . . ., S. 11.

Mal Einzelanalysen notwendig, um die Folgekosten festzustellen.

Für den Betriebswirt ist es selbstverständlich, alle Folgeausgaben in seiner Investitionsrechnung zu berücksichtigen und sie im Zusammenhang mit dem ursprünglichen Investitionsobjekt, der Ausgangsinvestition, zu sehen. In den Haushaltsdebatten des Bundestages wird die Verbindung zwischen (haushaltsrechtlichen) Investitionsausgaben und den als Staatsverbrauch verbuchten Folgekosten nicht immer gezogen. Wenn alle Folgekosten allerdings nicht nur — was immer geschehen sollte — in einer Investitionsrechnung berücksichtigt werden, sondern auch unter den Investitions*begriff* fallen, dann ist die „enge", das heißt periodenbezogene Abgrenzung aufgehoben. Diese Auffassung muß schon zum „weiten" Investitionsbegriff gerechnet werden.

3.3.2 Investition als Vermögenszugang und als wachstumsfördernde Ausgabe

Wird die Investition als Vermögenszugang betrachtet, so zeigt sich auch im einzelwirtschaftlichen Bereich deutlich, daß sich die Definitionsaufgabe auf die Frage verlagert, was unter (betrieblichem) Vermögen zu verstehen ist. Auf diese Frage gibt es jedoch keine eindeutige Antwort. Vermögensaufstellungen unterliegen, soweit sie bilanzrechtlich geregelt sind, steuer- und/oder handelsrechtlichen Zielsetzungen; diese bestehen jedenfalls nicht in der vollständigen Erfassung aller Güter, die nach ökonomischer Überlegung zum Vermögen gehören. Die erweiterten Vermögensrechnungen, für die Beispiele angeführt wurden, stehen ebenfalls teilweise unter anderen Zielvorstellungen — Selbstdarstellung des Unternehmens zum Beispiel — und sind in Art und Umfang der aufgeführten Vermögensgüter und deren Bewertung uneinheitlich. Weder für die Auswahl der in eine vollständige Vermögensrechnung einzubeziehenden Vermögensgüter noch für deren Bewertung gibt es eindeutige Kriterien, über die allgemeiner Konsens bestünde[35].

---

[35] Vgl. S. 59 ff.

Diese Überlegungen lassen sich uneingeschränkt auf den öffentlichen Sektor übertragen. Auch dort wird die Schwierigkeit der Definitionsaufgabe in erster Linie darin liegen, das öffentliche Vermögen abzugrenzen und zu erfassen. Abweichend vom einzelwirtschaftlichen Investitionsbegriff fallen unter den Begriff öffentliche Investitionen auch Ausgaben, die das Vermögen Dritter, privates Vermögen, erhöhen, was zusätzliche Abgrenzungsschwierigkeiten aufwirft.

Der Arbeitskreis Hax bezeichnet Investitionen als strategisches Mittel zur Erreichung der Unternehmensziele. Es liegt nahe, auch diese Auffassung auf ihre Übertragbarkeit für die Abgrenzung öffentlicher Investitionen aus dem Wachstumseffekt zu untersuchen, denn dort geht es ebenfalls um Zielerreichung: Öffentliche Investitionen werden auf der Grundlage des Wachstumsziels als wachstumsfördernde Ausgaben definiert.

Bei dem Versuch, den einzelwirtschaftlichen Investitionsbegriff unter dem Wachstumsgesichtspunkt auf das „Unternehmen Staat" als Produzenten von öffentlichen Gütern und Dienstleistungen zu übertragen, zeigen sich mehrere grundlegende Unterschiede.

Der erste liegt in den Zielen. Das Unternehmen strebt nach Wachstum, Ausweitung des Marktanteils, einem „befriedigenden" Gewinn usw. für sich selbst. Das „Unternehmen Staat" hat nicht eigenes Wachstum zum Ziel, sondern gesamtwirtschaftliches Wachstum. Der zweite Unterschied hängt eng damit zusammen. Auch das „Unternehmen Staat" wandelt Zahlungsmittel in produktive Faktoren um, die es zur Herstellung der öffentlichen Güter und Dienstleistungen benötigt. Die Ausstattung von Diensträumen einer Behörde, die Anschaffung eines Computers oder der Kauf von Lastkraftwagen für den städtischen Fuhrpark unterscheiden sich nicht von den Vorgängen im betriebswirtschaftlichen Bereich. Auch die Investitionen, die nicht bilanzierungsfähig sind, finden sich wieder: die Weiterbildung der Mitarbeiter, öffentliche Forschungsarbeit im Gesundheitsbereich usw. Dies alles sind „innengerichtete" Investitionen[36] — soweit besteht also eine

---

[36] Vgl. S. 15 ff.

Gemeinsamkeit zwischen dem einzelwirtschaftlichen Betrieb und dem „Unternehmen Staat". Jedoch ist Ergebnis aller Anstrengungen der Einzelwirtschaft das Produkt, das, auf den Markt gebracht, sich dort behaupten und Gewinn bringen muß. Kein Unternehmen würde dieses Produkt selbst mit dem Begriff „Investition" belegen. Investitionen *ermöglichen* das Produkt in der Herstellungs- und Absatzphase, das Produkt selbst ist nicht Investition.

Im öffentlichen Sektor wird dagegen unter der wachstumspolitischen Zielsetzung oft auch das Produkt selbst als Investition bezeichnet. Öffentliche Güter und Dienstleistungen gehen als Vorleistungen in die private Produktion ein und bilden die Voraussetzungen, die notwendigen Rahmenbedingungen, ohne die der private Sektor nicht arbeiten und nicht den Output erzielen könnte, den er erreicht. Diese Endprodukte des „Unternehmens Staat" gelten deshalb als „wachstumsfördernde Ausgaben" oder Ausgaben mit Wachstumswirkung und erfüllen damit ein Merkmal der Investition.

Der einzelwirtschaftliche Investitionsbegriff ist also nicht ohne Änderung auf den öffentlichen Sektor übertragbar. Er ist aber insoweit hilfreich für die Definitionsaufgabe, als er deutlich macht, warum die Diskussionen über den Begriff öffentliche Investitionen und die Wachstumswirkung öffentlicher Ausgaben oft so undurchsichtig und verworren sind und man sich einem Knäuel widersprüchlicher Aussagen gegenüberzustehen fühlt. Diese Unklarheit liegt zu einem Teil darin begründet, daß in den meisten Erklärungsansätzen die (Sach-)Ausgaben für die Herstellung öffentlicher Güter und Dienstleistungen einerseits und die produzierten Leistungen andererseits in *einem* Investitionsbegriff zusammengefaßt werden. Die Wachstumswirkung, die für die Abgrenzung der öffentlichen Investitionen im wachstumspolitischen Sinn ausschlaggebend sein soll, liegt in der produzierten Leistung; solche Investitionen wurden eingangs als „außengerichtet" bezeichnet[37], weil sie sich aus der Sicht des „Unternehmens Staat" nach außen wenden. Sie werden vom haushaltsrechtlichen Investitionsbegriff nicht erfaßt.

[37] Vgl. S. 15 ff.

Was die oben genannten „innengerichteten" Investitionen angeht, so werden diese vom haushaltsrechtlichen Investitionsbegriff nur teilweise abgedeckt. Investitionen in Güter wie Ausbildungsstand der Mitarbeiter werden nicht einbezogen. Es ist freilich nicht zu bestreiten, daß die Abgrenzung solcher Investitionen in der Praxis besonders schwierig wäre. Die Forderung nach Nachvollziehbarkeit, Eindeutigkeit und Praktikabilität[38] von Definitionen läßt es daher fraglich erscheinen, ob diese Investitionen auch haushaltsrechtlich als Investitionsausgaben erfaßt und verbucht werden könnten.

In bezug auf die „außengerichteten" Investitionen stellt sich im übrigen die Frage, inwieweit einzelne öffentliche Güter und Dienste dieser Kategorie zugeordnet werden können und ob sie ihr stets voll zugeordnet werden können, das heißt, ob sie *ausschließlich* Vorleistungen darstellen. Auf diese Schwierigkeiten und ihre Auswirkungen wird später einzugehen sein, bei dem Versuch, die öffentlichen Investitionen als wachstumsfördernde Ausgaben abzugrenzen[39].

---

[38] Eine operationale Definition muß zwei Bedingungen genügen: Zuverlässigkeit (reliability) und Gültigkeit (validity). Als „zuverlässig" gilt eine Definition, die präzise und objektiv ist. Präzise bedeutet, daß derselbe Forscher bei mehrmaliger Anwendung zu gleichen oder nur geringfügig voneinander abweichenden Ergebnissen kommt. Objektiv ist eine Definition, wenn verschiedene Forscher bei Anwendung der gegebenen Kriterien zu gleichen oder nur geringfügig voneinander abweichenden Ergebnissen gelangen. Die Definition ist „gültig", „wenn sich unter Experten ein hoher Grad an Übereinstimmung darüber ermitteln läßt, daß mit Hilfe der Meßvorschrift das gemessen wird, was gemessen werden soll".

Gandenberger, Otto, Zur Messung der konjunkturellen Wirkungen öffentlicher Haushalte, Tübingen 1973, S. 20 f.

[39] Vgl. Punkt 5, S. 97 ff.

4 Öffentliche Investitionen im Vermögenssinne — Investitionen als Zugang zum Vermögen

4.1 Zur Fragestellung

Ein Merkmal der Investition ist es, daß sie mit einem Zugang zum Vermögen verbunden ist. Das Vermögen ist eine Bestandsgröße; die Investition führt zur Veränderung dieser Bestandsgröße in der Zeit, das heißt

$$I = \frac{dV}{dt} .$$

Wenn der Investitionsbegriff mit Hilfe dieser Beziehung definiert werden soll, muß zunächst geklärt werden, was unter Vermögen zu verstehen ist. Auch der Blick in den einzelwirtschaftlichen Bereich hat gezeigt, daß die Definition von Investitionen im Vermögenssinne die Definition des Vermögens voraussetzt. Darum ist es unerläßlich, zunächst einige Überlegungen über Art, Umfang und Meßbarkeit des öffentlichen Vermögens anzustellen.

Am einfachsten wäre es, wenn das öffentliche Vermögen einer vollständigen staatlichen Vermögensrechnung entnommen werden und die öffentlichen Investitionen auf dieser Grundlage abgegrenzt werden könnten. In den ersten Abschnitten dieses Kapitels werden daher Ziele, gesetzliche Grundlagen und die Schwierigkeiten der öffentlichen Vermögensrechnung in der Praxis dargestellt. Da die öffentliche Vermögensrechnung nur unvollständige Ergebnisse liefert, ist anschließend zu überlegen, welche Vermögensgüter in einer umfassenden Vermögensrechnung enthalten sein sollten oder könnten. Dabei zeigt sich, daß es Vermögensgüter gibt, zu deren Vermehrung öffentliche Ausgaben beitragen, daß diese Vermögensgüter aber nicht eindeutig dem öffentlichen oder dem privaten Sektor zugeordnet werden können. Da sie andererseits Bestandteil des Volksvermögens sind, umfaßt der Begriff öffentliche Investitionen in seiner vermögensbezogenen Abgrenzung

— Investitionen als Zugang zum öffentlichen Vermögen,

— Investitionen als Zugang zum Volksvermögen,
— Investitionen als öffentlich finanzierter Zugang zum privaten Vermögen.

Er weicht in dieser Hinsicht von der betriebswirtschaftlichen Abgrenzung ab, in der Investor und Begünstigter aus dem Vermögenszugang stets identisch sind.

4.2 Die Definition des öffentlichen Vermögens als Grundlage für die Abgrenzung öffentlicher Investitionen

4.2.1 Die Zielsetzung der öffentlichen Vermögensrechnung

Während die betriebliche Vermögensrechnung in Form der Bilanz gängiges — wenn auch nicht unumstrittenes — Mittel interner und externer Information über Vermögens- und Kapitalstruktur, Finanzierung und Liquiditätslage, Rentabilität und Gewinnverwendung, Grundlage der Kreditwürdigkeitsprüfung und ihre Aufstellung eine Selbstverständlichkeit ist, fehlt eine Entsprechung im öffentlichen Sektor fast völlig.

Zwar kann es im öffentlichen Sektor im Gegensatz zum privaten nicht Ziel der Vermögensaufstellung sein, einen „Verkehrswert" für das gesamte Vermögen festzustellen, das ja nicht primär zur Veräußerung bestimmt ist, oder die Kreditwürdigkeit einer Gebietskörperschaft zu begründen, weil das öffentliche Vermögen nicht zur Deckung von Schulden geeignet ist beziehungsweise nur herangezogen werden dürfte, wenn es nicht mehr zur Erfüllung öffentlicher Aufgaben gebraucht wird.

Daß ein Nachweis des öffentlichen Vermögens als notwendig angesehen wird, hat andere Gründe. Der Arbeitskreis, der gebildet wurde, um die verfassungsrechtlichen Regelungen über den Nachweis des öffentlichen Vermögens durch Verwaltungsvorschriften auszufüllen, nannte drei Gründe für die Notwendigkeit einer öffentlichen Vermögensrechnung:

Erstens sei die staatliche Vermögensverwaltung gewissermaßen eine Treuhandverwaltung, der darum auch die Aufgabe zufalle, das Vermögen geordnet darzustellen, zweitens sei sie zur Publizität der Öffentlichkeit gegenüber verpflichtet und

drittens erstrecke sich die Kontrollbefugnis von Parlament und Prüfungsbehörde auch auf den Vermögensbestand, -zu- und -abgang. Die Ausübung der Kontrollrechte setze eine Vermögensrechnung voraus[1, 2].

Auch Leimich sieht den Staat als Treuhänder aller Einwohner des Landes, der darum zur Rechnungslegung über das öffentliche Vermögen verpflichtet sei[3]. Ziel der Vermögensrechnung ist es seiner Meinung nach, die Rückwirkungen der Haushaltsführung auf Vermögen und Schulden aufzuzeigen. Außerdem solle anhand der Vermögensrechnung überprüft werden, inwieweit die Forderung erfüllt werden konnte, das Vermögen in seinem Bestand zu erhalten. Allerdings, so schränkt Leimich das erstgenannte Ziel ein, berührten nicht alle Haushaltsvorgänge das Vermögen und es wirkten sich auch andere als Haushaltseinflüsse auf das Vermögen aus[4].

Wichtig sei vor allem, daß das öffentliche Vermögen nicht dem Zweck diene, materiellen Ertrag zu erbringen, sondern daß es auf die mit den Vermögensgütern zu erzielenden „gemeinnützigen Leistungen" ankomme[5]. Ob dieses Ziel erreicht sei, lasse sich allerdings mangels Bezifferbarkeit und Bewertbarkeit der Leistungskraft des öffentlichen Vermögens nicht feststellen — „eine denkgesetzliche Beziehung zwischen Geldwert und Leistungswert ist nicht erkennbar und nicht

---

1 Vgl. Helmert, Otto / König, Herbert, Die Vermögensrechnung des Bundes, 2. Auflage, Berlin 1963, S. 9.

2 Recktenwald nennt die Größenordnung des Vermögens, seine Wachstumswirkungen und seine Bedeutung für die Konjunkturpolitik als Gründe. Vgl. Recktenwald, Horst Claus, Kapital- und Investitionshaushalt, in: Jecht, Horst (Hrsg.), Probleme des öffentlichen Budgets, Schriften des Vereins für Socialpolitik, NF Bd. 31, Berlin 1964, S. 91. Vgl. auch Vialon, Friedrich Karl, Moderne Entwicklungstendenzen des öffentlichen Haushalts (außerhalb der Gesetzgebung), in: Gegenwartsprobleme des öffentlichen Haushalts, S. 47 f. und S. 48, Fußnote 68.

3 Vgl. Leimich, Peter, Die Vermögensrechnung der öffentlichen Hand, Köln/Berlin/Bonn/München 1968, S. 257.

4 Vgl. ebenda, S. 130 ff.

5 In den zukünftig zu erzielenden „gemeinnützigen Leistungen" könnte man den „Zukunftserfolgswert" dieser Vermögensgüter sehen.

herstellbar . . ."[6]. Das nach Leimich „richtige, weil einzig angemessene Ziel" einer öffentlichen Vermögensrechnung, nämlich „nachzuweisen, daß (genauer: in welchem Gütegrad) die öffentliche Hand die ihr jeweils gestellten Aufgaben mit den dafür verfügbaren und eingesetzten Mitteln zu erfüllen vermag und erfüllt"[7], sei daher nicht erreichbar.

4.2.2 Die gesetzliche Regelung des öffentlichen Vermögensnachweises

Nach Artikel 110, Abs. 3 GG sind Vermögen und Schulden des Bundes in einer Anlage zum Haushaltsplan nachzuweisen. Artikel 114, Abs. 1 und 2 GG verpflichten den Bundesfinanzminister, Bundestag und Bundesrat auch über Vermögen und Schulden zu berichten und den beiden Gremien eine Übersicht über Vermögen und Schulden vorzulegen[8]. Leimich vermutet aus der Entstehungsgeschichte dieser verfassungsrechtlichen Bestimmungen, der Bundesgesetzgeber habe selbst keine Vorstellung von der Notwendigkeit und dem Zweck eine solchen Übersicht gehabt, aber hinter den „fortschrittlichen" Länderverfassungen nicht zurückstehen wollen[9].

Denn so wie die Bundesverfassung enthalten auch die Verfassungen der Länder Schleswig-Holstein, Niedersachsen, Hamburg, Baden-Württemberg und Berlin (seit 1967) die Forderung nach einem Vermögensnachweis. Diese Forderung fehlt dagegen in den Verfassungen von Hessen, Bayern, Rheinland-Pfalz, Bremen, dem Saarland und Nordrhein-Westfalen[10].

Daß die Erfassung des öffentlichen Vermögens offenbar kein vorrangiges Anliegen öffentlicher Institutionen war, geht auch aus einem Bericht von K.-D. Schmidt zur Verbesserung der Vermögensstatistik hervor, der 1971 veröffentlicht wurde. Schmidt empfiehlt, einen Schwerpunkt bei der Ver-

---

6 Ebenda, S. 233.

7 Ebenda.

8 Vgl. Helmert, Otto / König, Herbert, S. 8.

9 Vgl. Leimich, Peter, S. 54.

10 Vgl. ebenda, S. 48.

besserung des vermögensstatistischen Instrumentariums auf die Erfassung des Vermögens der öffentlichen Hand zu setzen. Von der in § 5 des Finanzstatistischen Gesetzes von 1960 enthaltenen Ermächtigung, eine Statistik über das öffentliche Vermögen anzuordnen, habe die Regierung nie Gebrauch gemacht. Zwar werde diese Regelung in die zu der Zeit bevorstehende Novellierung des Gesetzes wieder aufgenommen werden, doch seien davon keinerlei Aktivitäten zu erwarten. Der Widerstand der Betroffenen gegenüber einer solchen Statistik des öffentlichen Vermögens wurde laut Schmidt damit begründet, daß es keinen einheitlichen Vermögensnachweis bei den Gebietskörperschaften gebe[11]. Dies hat sich inzwischen nicht geändert.

Die Vermögensrechnungen von Bund und Ländern sind nur mit Einschränkungen vergleichbar, vor allem wegen des unterschiedlichen Umfangs der Erfassung und des Nachweises einzelner Vermögensteile und wegen unterschiedlicher Bewertungsmethoden[12]. Für den Bund gilt nach wie vor die VBRO (Buchführungs- und Rechnungslegungsverordnung für das Vermögen des Bundes) vom 6. März 1963. Sie besteht aus fünf Büchern, in denen Bestimmungen über Bewertung, Buchführung und Rechnungslegung niedergelegt sind. Die Vermögensrechnung basiert auf den Daten der Haushaltspläne[13].

In sechs Ländern (Baden-Württemberg, Niedersachsen, Schleswig-Holstein und den drei Stadtstaaten) wird das öffentliche Vermögen — ähnlich wie im Bund — zusammenfassend nachgewiesen; die Vorschriften, die diesen Vermögensrechnungen zugrundeliegen, sind jedoch recht verschieden. In den übrigen Bundesländern werden regelmäßig nur einzelne Vermögensgruppen erfaßt, allgemeine Vorschriften dazu fehlen[14].

---

[11] Vgl. Schmidt, Klaus-Dieter, Ergänzung der volkswirtschaftlichen Gesamtrechnung durch Vermögensrechnungen; zur Frage der Fortentwicklung und Verbesserung des vermögensstatistischen Instrumentariums, Forschungsbericht im Auftrag des Bundesministers für Arbeit und Sozialordnung, Kiel 1971, S. 69 f. (im folgenden zitiert als Forschungsbericht).

[12] Vgl. Krüger-Spitta, W. / Bronk, H., S. 149.

[13] Vgl. Leimich, Peter, S. 78 und S. 91.

[14] Vgl. ebenda, S. 91 ff.

Auch für den Gemeindebereich wird grundsätzlich die Notwendigkeit gesehen, das Vermögen zu erfassen und auszuweisen. „Allerdings bringt eine Vermögensrechnung — selbst umfassend angelegt — für eine Gemeinde *verhältnismäßig geringe Aussagekraft,* so daß es auf Grund der mit ihr verbundenen Verwaltungsaufwendungen notwendig war, sie auf das unumgänglich notwendige und auch zumutbare Maß zu beschränken[15]." Demgemäß enthält die GemHVO nur die Forderung nach Bestandsverzeichnissen. Ein Vermögens*wert*nachweis ist nur für das Finanzvermögen und für das Anlagevermögen der „kostenrechnenden Einrichtungen" vorgeschrieben, die ihre Leistungen gegen Entgelt abgeben. Für alle anderen Vermögensteile *kann* ein Wertnachweis vorgenommen werden[16].

Um die Vergleichbarkeit der gemeindlichen Vermögensrechnungen zu gewährleisten, schreibt die GemHVO in § 37 vor, wie diejenigen Vermögensteile bewertet werden sollen, für die der Wertnachweis verbindlich ist. So werden Forderungen aus Geldanlagen und Darlehen zum jeweiligen Stand ausgewiesen; Wertpapiere und Beteiligungen sind in der Regel mit Anschaffungspreisen zu bewerten, ein anderer Wertansatz kann zugrundegelegt werden, wenn es sich um Schenkungen, Erbschaft und ähnliches handelt, oder wenn der Anschaffungspreis nicht auf DM lautet. In die sogenannten Anlagennachweise der kostenrechnenden Einrichtungen sind Anschaffungs- oder Herstellungskosten und Abschreibungen aufzunehmen[17].

---

[15] Nell, Albert / Steenbock, Reimer, S. 48, Hervorhebung im Original. Zur Entwicklung der gemeindlichen Vermögensrechnung vgl. ferner Schlie, Hermann, Die gemeindliche Vermögensvollrechnung und ihre Rechtsgrundlagen, Dissertation, Münster 1969.

[16] Vgl. Nell, Albert / Steenbock, Reimer, S. 49 und 157 f.

[17] In der Praxis ist der Umfang der gemeindlichen Vermögensrechnungen — über die verbindlich vorgeschriebenen Teile hinaus — sehr verschieden. Eine der sicherlich am weitesten gegliederten Vermögensrechnungen stellt die Stadt Nürnberg auf. Ausgehend von der Notwendigkeit, das Vermögen der kostenrechnenden Einrichtungen zu erfassen, zu bewerten und abzuschreiben, um so die Gebührensätze zu ermitteln, wurde mit Hilfe der EDV eine breite Vermögensrechnung angelegt. Sie erfaßt das städtische Vermögen von Grundstücken angefangen bis zur Schreibmaschine einer Verwaltungssekretärin, bewertet es, teilweise zu Anschaffungs- oder

Als Fazit dieser Übersicht bleibt festzuhalten, daß das öffentliche Vermögen in den einzelnen Gebietskörperschaften in unterschiedlichem Ausmaß, aber in der Regel unvollständig erfaßt wird, die verwendeten Bewertungsmethoden differieren und die gesetzlichen Grundlagen sich — soweit überhaupt vorhanden — ebenfalls unterscheiden.

4.2.3 Die Abgrenzung des öffentlichen Vermögens

Zum öffentlichen Vermögen zählen nach Helmert und König alle Bestände,

— die der öffentlichen Leistungserstellung dienen,

— deren Nutzungsdauer sich über das Anschaffungsjahr hinaus erstrecken und

— die im Eigentum der Körperschaften stehen[18].

Vermögensgüter wurden als Ertrag bringende beziehungsweise Leistung abgebende Güter charakterisiert, dem entspricht das erste von Helmert und König angeführte Merkmal. Es erinnert zugleich an die Abgrenzung der (einzelwirtschaftlichen) Investition als Ausgabe für Produktions- oder Potentialfaktoren, die für die Leistungserstellung im Unternehmen notwendig sind, eine Abgrenzung, die auf das „Unternehmen Staat" und seine „innengerichteten" Investitionen übertragen werden konnte (vgl. S. 69 ff.). Die Beschränkung auf Güter, deren Nutzungsdauer das Anschaffungsjahr überschreitet, — 2. Merkmal nach Helmert und König — entspricht ebenfalls der (engen) betriebswirtschaftlichen Abgrenzung der Investition als Ausgabe mit periodenüberschreitendem Nutzen. Die Abgrenzungskriterien sind beim Vermögensbegriff und beim Investitionsbegriff also sehr ähnlich. Selbst die Schwierigkeiten gleichen sich: So wie für den Betriebswirt die Bestimmung des periodenüberschreitenden Nutzens in manchen Fällen zweifelhaft ist, so ist die Lebensdauer ein nicht unumstrittenes Kriterium für die Zurechnung eines Gutes zum

Herstellungskosten, teilweise nach steuerlichen Richtlinien, und schreibt es nach steuerrechtlichen Richtsätzen ab. Eine so detaillierte Vermögensrechnung dürfte allerdings selten sein; bisher ist auch noch nicht versucht worden, Aufwand und Informationsgewinn gegenüberzustellen.

18 Vgl. Helmert, Otto / König, Herbert, S. 1.

Vermögen. Das wird bei der Behandlung der Gebrauchsgüter in der einzelwirtschaftlichen Vermögensrechnung deutlich[19]. Diejenigen Vermögensrechnungen im öffentlichen Sektor, die bewegliche Güter in das Verwaltungsvermögen miteinbeziehen, arbeiten nicht mit der Lebensdauer, sondern mit Wertgrenzen.

Das letzte von Helmert und König genannte Merkmal beschränkt das öffentliche Vermögen auf die Vermögensgüter, die im *Eigentum* der Körperschaften stehen. Aus ökonomischer Sicht, bei Betrachtung des Vermögens als Grundlage von Erträgen oder Leistungen, ist aber nicht das juristische Eigentum maßgebend, sondern der Besitz beziehungsweise die Verfügungsmöglichkeit über die Nutzung des Gutes[20]. Konsequenterweise müßten auch Gegenstände zum öffentlichen Vermögen gezählt werden, die dem Staat nur zur Nutznießung überlassen wurden. Diese Frage erinnert an die in der Betriebswirtschaftslehre geführte Auseinandersetzung darüber, ob gemietete oder „geleaste" Anlagen in die Bilanz aufzunehmen seien. Für den öffentlichen Sektor führt Leimich das Beispiel einer Stiftung an, die — im wesentlichen aus staatlichen Zuschüssen — Kunstwerke erwirbt und diese dann staatlichen Museen zur Ausstellung zur Verfügung läßt. Materiell gehören diese Kunstwerke, die rechtlich Eigentum der Stiftung sind, nach Ansicht Leimichs zum öffentlichen Vermögen, da sie öffentlichen Leistungen im Kulturbereich dienen[21].

---

[19] Es besteht in der Literatur keine Einigkeit darüber, inwieweit Gebrauchsgüter der privaten Haushalte, die in der Regel dem Konsum zugerechnet werden, als Vermögensgegenstände anzusehen sind, zumal wenn sie produktive Leistungen abgeben. Auf der anderen Seite stecken im Vorratsvermögen auch verderbliche Waren, deren Lebensdauer unter einem Jahr liegt.

[20] Da Vermögensgüter wirtschaftliche (knappe) Güter sind, müssen sie einer natürlichen oder juristischen Person (oder Gruppe) zurechenbar sein, die das Gut besitzt und/oder über seine Nutzung verfügt. Schmidt spricht von einer „Subjekt-Objekt-Beziehung", die erkennen lasse, daß es sich beim Vermögen um eine sozial-ökonomische Kategorie handele. Vgl. Schmidt, Klaus-Dieter, Was ist Vermögen?, in: Allgemeines Statistisches Archiv, Bd. 56, 1972, S. 37.

[21] Vgl. Leimich, Peter, S. 195 und Fußnote 76 ebenda.

Die Definition des Vermögensbegriffs, der der Vermögensrechnung des Bundes zugrundeliegt, enthält den Bezug auf das Eigentum. Nach Krüger-Spitta und Bronk ist unter Vermögen in diesem Sinne „grundsätzlich die Gesamtheit der im Eigentum des Bundes stehenden Sach- und Geldwerte einschließlich der Rechte und Forderungen, mit Ausnahme der in der Haushaltsrechnung abzuwickelnden Bestände (Kassenbestände, Einnahmereste) zu verstehen. Ausgenommen von der Aufnahme in die Vermögensrechnung des Bundes sind seit dem Jahre 1956 die beweglichen Sachen"[22].

Die Tabelle 4 zeigt die Vermögensrechnung des Bundes zum 31. 12. 1976.

Sieht man einmal von den Sondervermögen ab, die zum öffentlichen Vermögen zählen, so wird das öffentliche Vermögen in der Regel in vier Bereiche aufgegliedert: in das Verwaltungsvermögen, die Liegenschaften im Gemeingebrauch, das Betriebsvermögen und das Finanzvermögen[23].

Zum Verwaltungsvermögen gehören bewegliche und unbewegliche Sachen (Grundstücke, Bauten). Die beweglichen Sachen werden, wie bereits erwähnt, in der Vermögensrechnung des Bundes seit 1956 primär aus Aufwandsersparnisgründen nicht mehr erfaßt. Einige Gebietskörperschaften beziehen sie dagegen in ihre Vermögensrechnung ein, wobei sie die Wertgrenzen aus den Haushaltsplänen zugrundelegen. So entsteht eine doppelte Inkonsistenz: zum einen zwischen den Vermögensrechnungen der Gebietskörperschaften durch die unterschiedliche Handhabung der „beweglichen Sachen", zum anderen zwischen den Vermögensrechnungen der Gebietskörperschaften und der einzelwirtschaftlichen Vermögensrechnung beziehungsweise dem Ausweis des privaten Vermögens in der Volkseinkommensstatistik. Diese erfassen die „beweglichen Sachen" — im Gegensatz zum Bund und einem Teil der Gebietskörperschaften —, und zwar ab einer Wertsumme von 100 DM, im Gegensatz zu dem anderen Teil der Gebietskörperschaften, der die sehr unterschiedlichen Wertgrenzen der jeweiligen Haushaltspläne übernimmt.

[22] Krüger-Spitta, U. / Bronk, H., S. 150.

[23] Vgl. Leimich, Peter, S. 135.

Tabelle 4

Das Allgemeine Bundesvermögen

Bezeichnung	Bestand am 31. 12. 1976 in Mio DM
Allgemeines Verwaltungsvermögen	
Unbebaute Grundstücke	294
Bebaute Grundstücke	26 262
Teilbebaute Grundstücke	11 386
Gebäude auf fremdem Grund und Boden	1 074
Betriebsanlagen	2 448
Sonstige unbewegliche Sachen	120
Sonstige Geldforderungen[a]	31
	41 615
Sachen im Gemeingebrauch	
Bundesautobahnen, -straßen, -kanäle[b]	—
Vermögen der Bundesanstalten und -einrichtungen	
Unbebaute Grundstücke	7
Bebaute Grundstücke	635
Gebäude auf fremdem Grund und Boden	31
Wirtschaftsbetriebe	—
Geldwerte Rechte	6
	679
Betriebsvermögen	
Landwirtschaftliche Betriebe	5
Gewerbliche Betriebe	191
Monopolverwaltung für Branntwein	154
Kapitalbeteiligungen	6 363
	6 713
Allgemeines Kapital- und Sachvermögen	
Unbebaute Grundstücke	617
Bebaute Grundstücke	2 605
Teilbebaute Grundstücke	204
Gebäude auf fremdem Grund und Boden	101
Betriebsanlagen	35
Sonstige unbewegliche Sachen	2
Kapitalbeteiligungen (hauptsächlich an internationalen Einrichtungen)	3 616
Darlehen an Gebietskörperschaften	20 627
Darlehen an Unternehmen in der Form von juristischen Personen des öffentlichen Rechts, an deren Kapital oder Gewinn der Bund beteiligt ist	1 351
Darlehen an Unternehmen des privaten Rechts, an deren Kapital oder Gewinn der Bund beteiligt ist	2 497
Darlehen an sonstige Empfänger	17 334
Wertpapiere	763
Sonstige Geldforderungen[c]	17 478
	67 230

Bezeichnung	Bestand am 31. 12. 1976 in Mio DM
Treuhandvermögen	
Bergarbeiter-Wohnungsbau	1 645
Bergmanns-Siedlungsvermögen	55
Zweckvermögen bei der Deutschen Siedlungs- und Rentenbank	3 553
Zweckvermögen bei der Landwirtschaftl. Rentenbank	98
Treuhandvermögen auf Grund des deutsch-italienischen Abkommens vom 19. 10. 1967	5
	5 356
Vermögen insgesamt	121 593

Erläuterungen:

[a] Davon Konjunkturausgleichsrücklage 30,9 Mio DM.

[b] Bei den Bundesautobahnen, Bundesstraßen, Kanälen und anderen Schiffahrtswegen werden mangels finanzieller Verwertbarkeit keine Bestände nachgewiesen. Es werden nur die jährlichen Investitionen aus Haushaltsmitteln aufgenommen und sogleich wieder abgeschrieben. Im Haushaltsjahr 1976 wurden folgende Investitionen aufgewendet:

für Bundesautobahnen	2 266 Mio DM
für Bundesstraßen	1 784 Mio DM
für Kanäle und anderes	428 Mio DM
	4 478 Mio DM

[c] Die sonstigen Geldforderungen umfassen u. a. Bankguthaben aus dem Stabilitätszuschlag und der Investitionssteuer, Forderungen an die Kreditanstalt für Wiederaufbau für Darlehen an Entwicklungsländer und Verbindlichkeiten anderer Länder.

Quelle: Finanzbericht 1978, herausgegeben vom Bundesministerium der Finanzen, Bonn, S. 197 ff., gekürzt um einige Erläuterungen und ohne Vorjahresvergleich.

Für die Abgrenzung der öffentlichen Investitionen aus der Vermögensrechnung hat dies Konsequenzen: Bei Bund und einigen Gebietskörperschaften haben haushaltsrechtlich als Investitionen eingestufte Ausgaben (nämlich Käufe von beweglichen Sachen oberhalb der jeweils geltenden Wertgrenze) keine Auswirkung auf das in der Vermögensrechnung erfaßte Vermögen. Umgekehrt ließe sich auch kein Vermögenszugang feststellen, auf Grund dessen auf eine Investition geschlossen werden könnte.

Bei der Aufnahme von Grundstücken und Bauten in die Vermögensrechnung ist vor allem die Bewertung der Gebäude-„Altbestände" schwierig. Die Anschaffungs- oder Herstellungskosten wären wenig aussagekräftig und sind größtenteils nicht einmal bekannt. Auch der Wiederbeschaffungswert ist kein guter Maßstab, denn ein unter Denkmalschutz stehendes altes Gebäude läßt sich nicht „wiederbeschaffen". Da Grund und Boden nicht „abnutzbar" sind, entfällt die Wertkorrektur durch Abschreibungen, aber auch Wertsteigerungen auf Grund veränderter Preisrelationen werden meist nicht berücksichtigt[24]. Gerade auf dem Grundstücksmarkt unterliegen die Preise jedoch starken Schwankungen.

Am wenigsten greifbar und in der Abgrenzung sehr verschwommen sind die „Liegenschaften im Gemeingebrauch". Die Vermögensrechnung des Bundes zählt dazu lediglich Bundesautobahnen, -straßen und Kanäle sowie alle anderen Schiffahrtswege, deren Bestand sie nicht bewertet. In den Erläuterungen zur Vermögensrechnung werden die jährlichen Investitionen in diesem Bereich angegeben; diese werden in voller Höhe im jeweiligen Haushaltsjahr abgeschrieben[25]. Helmert und König zitieren das Schrifttum zu der Diskussion, ob außer Parks und Grünanlagen auch Straßen und Plätze zum Vermögen zu zählen seien[26]. Ablehnung wird

---

[24] Zu den Schwierigkeiten der Erfassung von Grundvermögen vgl. die Arbeit von Sablotny, der eine Reihe von Bewertungsverfahren für besiedelte und unbesiedelte Flächen überprüft. Sablotny, Herbert, Gesamtwirtschaftliche Vermögensrechnung, Dissertation, Frankfurt 1976, S. 38 ff.

[25] Vgl. Bundesministerium der Finanzen (Hrsg.), Finanzbericht 1978, Bonn 1977, S. 198.

Teilweise wird die Auffassung vertreten, der Wert von Verkehrsverbindungen komme im Wert der erschlossenen Grundstücke bereits zum Ausdruck, und eine gesonderte Bewertung führe zu Doppelzählungen. Sablotny hält dem entgegen, daß auch Privatstraßen in Unternehmensbilanzen eingehen und in Einheitswertbescheiden berücksichtigt werden und Gleichbehandlung erwünscht sei. Vgl. Sablotny, Herbert, S. 116.

[26] Vgl. Helmert, Otto / König, Herbert, S. 13.

meist mit den Bewertungsschwierigkeiten begründet. Wie sollen so inhomogene Flächen wie Sport- und Spielplätze, Verkehrsflughäfen und militärische Übungsplätze oder Friedhöfe bewertet werden[27]? Gibt es einen sinnvollen Wertansatz für „Gebäude im Gemeingebrauch" wie Schlösser, Denkmäler, Burgen? Für manche Gemeinden ist der erhaltene Altstadtkern ein Vermögensgut, der den Tourismus anzieht, von dem die Stadt lebt; aber wie ist dieses intakte Altstadtbild zu bewerten? Ist das Ganze in diesem Fall nicht mehr als die Summe der einzelnen (Einheits-)Werte der Häuser?

„Daß die Sachen im Gemeingebrauch einen Wert haben," — und damit ein Vermögensgut darstellen — „ist offensichtlich", schreiben Helmert und König. Dieser Wert sei freilich kein Verkehrswert, aber schließlich könne die öffentliche Hand ihr Vermögen auch niemals unter dem Gesichtspunkt darstellen, ob und zu welchem Preis sie es veräußern könne, denn das gesamte öffentliche Vermögen sei in der Regel nicht zur Veräußerung bestimmt[28]. Die Anschaffungs- oder Herstellungskosten sind aber auch kein geeigneter Maßstab. So kann zum Beispiel der Bau eines Straßenkilometers im Gebirge, unter schwierigen Boden- und Witterungsbedingungen, wesentlich höhere Kosten verursachen als der eines Straßenkilometers in der Ebene. Das bedeutet aber nicht, daß gemessen an der Verbesserung der Verkehrsbedingungen oder der Anbindung eines strukturschwachen Raumes an ein Ballungsgebiet die „billigere" Straße weniger wert wäre. Ökonomisch „richtig" wäre auch im öffentlichen Sektor — wie an diesem Beispiel zu sehen ist — eine Bewertung auf der Grundlage des Zukunftserfolgswertes, der aber hier besonders schwierig zu ermitteln beziehungsweise zu schätzen ist. Darum bleibt oft nur das Ausweichen auf Hilfsgrößen. Der Anschaffungspreis ist, so Leimich, weniger ein „Wert" als ein „Ansatz von

[27] Sablotny, der sich mit dieser Frage auseinandersetzt, weist darauf hin, daß diese Flächen nur einen winzigen Bruchteil des von ihm untersuchten Volksvermögens ausmachten, so daß unterschiedliche Bewertungsansätze kaum Einfluß auf das Gesamtergebnis hätten. Vgl. Sablotny, Herbert, S. 133. Wird nur das öffentliche Vermögen betrachtet, so dürfte diese Aussage nicht mehr zutreffen.

[28] Vgl. Helmert, Otto / König, Herbert, S. 13.

Ausgabeziffern", der gebraucht wird, weil er „noch immer von allen Möglichkeiten die am wenigsten unsichere" ist[29].

Hinter den „Liegenschaften im Gemeingebrauch" verbirgt sich ein großer Teil von Vermögensgütern, die nicht erfaßt sind, weil ihre Bewertung als nicht lösbar gilt. Vergleichsweise einfach zu erfassen sind dagegen das Betriebs- und das Finanzvermögen. Das Betriebsvermögen, das heißt die Eigengesellschaften und die Beteiligungen an öffentlichen Unternehmen, wird mit dem der Bilanz dieser Gesellschaften entnommenen Reinvermögen beziehungsweise dem Nennwert oder — bei börsennotierten Werten — dem Anschaffungswert in die Vermögensrechnung des Bundes aufgenommen. Zum Finanzvermögen zählen Forderungen aller Art, die zum Nennwert oder Börsenkurs verbucht werden.

4.3 Investitionen als Zugang zum öffentlichen Vermögen

Für die Abgrenzung der öffentlichen Investitionen im Vermögenssinne — der Investitionen als Vermögenszugang — kommt es auf eine möglichst vollständige Erfassung dessen an, was zum öffentlichen Vermögen zählt. Die öffentlichen Vermögensrechnungen sind zu uneinheitlich und zu unvollständig, um die erforderliche Grundlage abzugeben. Sie reichen auch nicht aus, um in den öffentlichen Investitionen nach der haushaltsrechtlichen Abgrenzung den Vermögenszugang zu erkennen.

Daß die öffentlichen Vermögensrechnungen nur Teile des öffentlichen Vermögens enthalten (können), wird primär mit den Bewertungsschwierigkeiten begründet. Einwände gegen eine Bewertung vieler Vermögensgüter beruhen dabei nicht nur auf der Befürchtung, für diese Güter — zum Beispiel für die verkehrsunfähigen Sachen im Gemeingebrauch — keinen ökonomisch sinnvollen Wertansatz finden zu können. Sie richten sich vor allem auch gegen eine Zusammenfassung der verschiedenen Werte zum „Wert des öffentlichen Gesamtvermögens", da diese Zusammenfassung „keine sinnvolle

---

29 Vgl. Leimich, Peter, S. 179.

Summe ergibt"[30]. Dies gilt sowohl für die Addition der Werte, die verschiedene Gebietskörperschaften für das gleiche Vermögensgut ansetzen, als auch für die Addition der Werte verschiedener Vermögensgüter zum öffentlichen Gesamtvermögen.

Für die Definitionsaufgabe erscheint es jedoch zunächst von Bedeutung, die Vermögensgüter anzugeben, das heißt Güter, die einen Ertrag erbringen oder Leistungen abgeben[31]; ihre Bewertung in Geldeinheiten wäre zwar hilfreich, ist aber nicht unbedingt nötig. Es geht ja nicht um den Bestand, sondern um den *Zugang*, das heißt, es muß feststellbar sein, ob eine Ausgabe zu einem „Mehr" an diesen Gütern, also zur Vermögensbildung führt. Auf eine ähnliche Konstellation treffen diejenigen, die die Vermögens*verteilung* analysieren wollen. Auch dabei läßt sich die Vermögensbildung leichter feststellen als die Verteilung des Bestandes[32].

Ausgehend von dieser Überlegung soll nun beispielhaft gezeigt werden, welche Güter — über die in der öffentlichen Vermögensrechnung erfaßten hinaus — zum öffentlichen Vermögen gezählt werden könnten und welche Konsequenzen dies für die Abgrenzung der öffentlichen Investitionen hätte.

---

[30] Helmert, Otto / König, Herbert, S. 19.

[31] Gerster verwendet den Leistungsbegriff zur Definition des Vermögens als „Verfügungsmacht über wirtschaftliche Werte, die die Möglichkeit beinhalten, gegenwärtig und zukünftig Leistungen abzugeben". Anschließend weist er darauf hin, daß der Ertrag nicht immer in Geldeinheiten bewertbar sein müsse. Vgl. Gerster, Max, Die Bewertung von Vermögenskomplexen insbesondere die Bestimmung des Volksvermögens, Zürich/St. Gallen 1964, S. 77 (Zitat), S. 77 f. und S. 78, Fußnote 18 b.

[32] „Das mag auf den ersten Blick wenig einleuchten, denn wie kann man etwas über die Veränderungen eines Bestandes sagen, ohne diesen selbst zu kennen? Tatsächlich aber sind die statistischen Gegebenheiten so. Die ... Angaben über die Vermögensbildung basieren auf amtlichen Schätzungen des Statistischen Bundesamtes und der Bundesbank. Über die Höhe und Verteilung des gesamten Volksvermögens gibt es keine amtlichen Schätzungen. Zum einen fehlen Angaben über Ausgangsbestand nach der Währungsreform, zum anderen ist die Fortschreibung auf einer einheitlichen Wertbasis sehr schwierig." Schlesinger, Helmut, Vermögensbildung und Vermögensverteilung in der Bundesrepublik Deutschland, Vortrag, gehalten im Institut für Kapitalmarktforschung an der Johann Wolfgang Goethe-Universität Frankfurt, am 25. 10. 1973, abgedruckt in: Deutsche Bundesbank (Hrsg.), Auszüge aus Presseartikeln, Nr. 83, Frankfurt, 2. 11. 1973, S. 5.

Am Ende des Kapitels, nachdem auch die Investitionen als öffentlich finanzierter Zugang zum privaten Vermögen betrachtet wurden, wird zu prüfen sein, inwieweit diese Abgrenzungen operational und finanz- beziehungsweise wirtschaftspolitisch verwendbar sind.

Wichtiger Bestandteil der Vermögensrechnung eines Unternehmens sind die immateriellen Güter. Im betrieblichen Bereich drückt der Firmenwert oder „good will" als Sammelbegriff das immaterielle, nicht bilanzierungsfähige Vermögen aus — gebildet aus der Qualität der Organisation, bestehenden Kundenbeziehungen, dem Ansehen der Produkte beim Kunden etc.[33] Analog dazu könnte man sich das „internationale Ansehen" des Staates vorstellen, einen good will, der als Vermögensgut materiellen und immateriellen Ertrag im weiteren Sinne abwirft. Dazu zählen gute Handelsbeziehungen und die Attraktion als Fremdenverkehrsland ebenso wie die Auswirkungen der Wirtschaftskraft oder der Selbstdarstellung des Staates auf den politischen Einfluß. Auf die Entwicklung dieses Vermögensgutes wirken Außenpolitik und Entwicklungshilfepolitik ebenso ein wie das Auftreten der Bürger im Ausland[34], sie hängt also nicht nur von öffentlichen Aktivitäten ab.

Im betrieblichen Bereich läßt sich der Firmenwert als Differenz von Zukunftserfolgswert und Reproduktionswert annäherungsweise beziffern. Einen Zukunftserfolgswert des öffentlichen Sektors gibt es dagegen nicht. Aber das internationale Presseecho auf die Olympischen Spiele in München oder den Weltwirtschaftsgipfel von 1978 rechtfertigt die Annahme, daß diese beiden Ereignisse das Ansehen der Bundes-

---

[33] Er enthält außerdem die „Mehrwerte" solcher Wirtschaftsgüter, die zwar in der Bilanz ausgewiesen werden, jedoch auf Grund der Bewertungsvorschriften mit anderen als den ertragsabhängigen Werten.

[34] Darauf bezog sich die Kampagne des Bundespresseamtes im Sommer 1978, die den Deutschen als Auslandsurlauber ansprach und ihn aufforderte, als „Botschafter" seines Landes aufzutreten und Vorurteile abbauen zu helfen. Im übrigen ist es durchaus offen, ob alle staatlichen Aktivitäten dieser Art einen positiven Ertrag abwerfen. Von einigen kann mit Sicherheit nur angenommen werden, daß sich ein Einstellen negativ auswirken würde; inwieweit sie positive Auswirkungen haben, ist dagegen nicht abzuschätzen.

republik positiv beeinflußt haben. Die öffentlichen Ausgaben für beide Veranstaltungen haben also zu einer Erhöhung des immateriellen Vermögensgutes „internationales Ansehen" beigetragen und wären nach dieser Überlegung als Investitionen im Vermögenssinne zu klassifizieren.

Zumeist sind jedoch öffentliche Aktivitäten weniger spektakulär und die Frage, ob oder inwieweit sie sich auf das Ansehen des Staates auswirken, ist nur schwer zu beantworten. So läßt sich beispielsweise der Einfluß von Repräsentationsausgaben auf das Ansehen des Staates wohl kaum abschätzen. Lediglich Plausibilitätsüberlegungen sprechen dafür, im einen oder anderen Fall eine Ausgabe als Investition im Vermögenssinne zu bezeichnen. Den Forderungen nach Zuverlässigkeit und Gültigkeit einer Definition genügt dies sicher nicht.

Ein weiteres immaterielles Vermögensgut, dessen Einbeziehung naheliegt, ist das Humanvermögen. Es gilt heute als — wenn auch meist unbewerteter — Bestandteil des Volksvermögens[35]. In erweiterten Bilanzen von Unternehmen wird teilweise das in der Belegschaft gebundene Humanvermögen als Teil des Unternehmensvermögens ausgewiesen. Ist das Humanvermögen auch Bestandteil des öffentlichen Vermögens?

Zunächst könnte die öffentliche Hand, analog zur Unternehmung, den Wert ihres Mitarbeiterstamms feststellen und

[35] „Wenn der Vermögensbegriff ein Korrelat zum Einkommen ist und wenn es das Charakteristikum jedes Vermögensgutes ist, eine Leistung erbringen zu können, und seine materielle Gestalt Nebensache ist, dann muß der Begriff Vermögen auch den Menschen oder die abstrakten Güter wie seine Kenntnisse und Fähigkeiten oder seinen Erfindungsgeist und Durchhaltewillen umfassen." Gerster, Max, S. 90. Vgl. auch Schmidt, Klaus-Dieter, Was ist Vermögen?, S. 41.

Die Bewertung dieses Vermögensgutes wirft allerdings erhebliche Schwierigkeit auf. Während der einzelne noch in der Lage sein mag, eine subjektive Kosten- und Ertragsrechnung für seine Ausbildung und seine Fähigkeiten aufzustellen, fehlen anerkannte Regeln für eine Bewertung des gesamten volkswirtschaftlichen Humanvermögens, die eine Aggregation der Einzelkonten erlauben würden. Darum hat eine Gruppe amerikanischer Wissenschaftler, die 1964 über die Messung des „National Wealth" konferierte, den Vermögenscharakter des human capital ausdrücklich betont, von der statistischen Erfassung wegen der Bewertungsschwierigkeiten jedoch abgeraten. Vgl. Schmidt, Klaus-Dieter, Was ist Vermögen?, S. 41.

als Humanvermögen des öffentlichen Sektors ausweisen. Sie würde damit dem Umstand Rechnung tragen, daß die Produktion von Gütern und Dienstleistungen im öffentlichen Sektor wesentlich von der Qualität des Humankapitals abhängt, dessen Nutzungsrechte er erworben hat. Ausgaben für die Weiterbildung der eigenen Mitarbeiter wären z. B. als Investition in das Humanvermögen des „Unternehmens" Staat anzusehen.

Während der Staat das in seinen Mitarbeitern verkörperte Humankapital als immateriellen Teil des öffentlichen (Verwaltungs-)Vermögens erfassen kann, das direkt Leistungen für ihn abgibt, profitiert er vom Humanvermögen aller übrigen Bürger auf indirekte Weise. Fähigkeiten wie Disziplin, Aufnahmebereitschaft, Ausdauer, Teamgeist oder allgemeine Interessiertheit an der Umwelt, die als Nebenprodukte einer Ausbildung vermittelt werden (können), erleichtern in vielen Fällen die Erfüllung öffentlicher Aufgaben. So ist das politische Interesse der Bürger in einer Bevölkerung mit relativ hohem Bildungsniveau in der Regel größer; öffentliche Aktionen zur Gesundheitsvorsorge, zur Rehabilitation und anderem stoßen eher auf Verständnis. Dieser Teil der Fähigkeiten eines einzelnen, die der Staat nutzt, sind aber vom gesamten Spektrum seiner Fähigkeiten nicht abspaltbar. So läßt sich kein Prozentsatz des gesamten Humankapitals der Volkswirtschaft dem öffentlichen Sektor zurechnen, und es erscheint auch nicht gerechtfertigt, das gesamte Humanvermögen dem öffentlichen Vermögen zuzuschlagen. Aus der Sicht des Staates sind die positiven Effekte vielmehr als externer Ertrag anzusehen.

Wenn die öffentliche Vermögensrechnung als Korrelat zu der des privaten Sektors gesehen wird, so daß aus einer Aggregation der beiden Rechnungen das Volksvermögen entsteht, so erscheint nur die Zuordnung des Humanvermögens zum privaten Sektor möglich, um Doppelzählungen zu vermeiden. Die Summe der Kenntnisse und Fähigkeiten des einzelnen ist personengebunden. Daher muß das Humankapital in jedem Fall in der individuellen privaten Vermögensrechnung erscheinen. Wird das öffentliche Vermögen dagegen für sich genommen betrachtet, um eine Ertragsrechnung aufzustellen und Vermögensbestand und abgegebene Leistungen einander gegenüberzustellen, so zählen — genau wie in der Unternehmensrechnung — diejenigen Teile des Humanvermögens zum öffentlichen Vermögen, an denen der Staat gegen Entgelt Nutzungsrechte erworben hat und deren Leistungsabgabe seine Leistung mitbeeinflußt. Entsprechend sind seine Ausgaben in *diesen* Teil des Humanvermögens Investitionen im Vermögenssinne, sie erhöhen den Wert eines öffentlichen Vermögensgutes. Sie gehören zu den Investitionen des „Unternehmens Staat" in Potentialfaktoren[36].

Zu den natürlichen Ressourcen einer Volkswirtschaft, die Bestandteil einer Volksvermögensrechnung sind, gehören Grund und Boden, Bodenschätze und Anpflanzungen. Diese Vermögensgüter werden bei einer sektoralen Aufspaltung des Volksvermögens im privaten oder öffentlichen Sektor erfaßt — sieht man einmal davon ab, daß große Teile wegen der genannten Bewertungsschwierigkeiten nicht wertmäßig ausgewiesen werden. Bei einem weiteren Bestandteil des Volksvermögens, der unter die Rubrik „natürliche Ressourcen" fällt, ist die Zuordnung auf den ersten Blick nicht eindeutig. Es ist das Vermögensgut, das man mit dem Stichwort „Umwelt" oder „Umweltqualität" umschreiben könnte.

Sind saubere Luft und sauberes Wasser[37] überhaupt ein Vermögensgut? Luft und Wasser sind heute zumindest in den Industrienationen keine „freien" Güter mehr, wenn man sie mit dem Adjektiv sauber versieht, sondern zählen inzwischen zu den knappen Gütern. Sie bringen Ertrag, teilweise materiellen (zum Beispiel Fischbestand in den Flüssen, Tourismus), teilweise immateriellen (zum Beispiel Wohlbefinden, Gesundheit). So scheint es vertretbar, den Faktor

36 Vgl. S. 63.

37 Hier könnte der Einwand kommen, daß Teile des Wasserbestandes, wie Flüsse und Seen, die unter staatlicher Verwaltung stehen, bereits in einer Aufstellung des öffentlichen Vermögens enthalten, wenn auch nicht bewertet sind (man denke an die bayerische „Staatliche Verwaltung der Schlösser und Seen"). Es ist jedoch keine Doppelzählung, wenn „Wasser" noch einmal unter dem Stichwort Umweltqualität auftaucht. Hier geht es um das Gut „Sauberkeit des Wassers", das einen Wert für sich darstellt.

„Umwelt" als Vermögensgut dem Volksvermögen zuzurechnen. In Geldeinheiten bewertbar ist dieses Volksvermögen zwar sicher nicht, aber es läßt sich mit Hilfe von Indikatoren, die zum Beispiel den Grad der Verschmutzung angeben, ein „mehr" oder „weniger", also Zuwachs oder Abnahme bei diesem Vermögensgut feststellen.

Obwohl der einzelne von diesem Vermögensgut profitiert, läßt sich „sein" Anteil daran, den er in seine private Vermögensrechnung aufnehmen könnte, nicht ermitteln. Der Bestand an diesem Vermögensgut kann also nicht auf die Vermögensrechnungen des privaten Sektors umgelegt werden. Ebensowenig rechtfertigen es jedoch Kriterien wie Besitz oder Verfügungsmacht auf den ersten Blick, das Vermögensgut dem öffentlichen Vermögen zuzuschlagen. Das Objekt Vermögensgut muß aber einem Subjekt zugerechnet werden können[38].

Auf Grund dieser Überlegungen kann dem Staat doch so etwas wie ein „Verfügungsrecht" — eigentlich eher eine Verfügungspflicht — über das Gut Umwelt zugemessen werden, da dessen Erhaltung in seiner Verantwortung liegt und er quasi die Allgemeinheit als Besitzer der Umweltgüter vertritt.

Schließlich weist das Gut Umwelt eine ganze Reihe von Merkmalen öffentlicher Güter auf — die Ungültigkeit des Ausschlußprinzips, Unteilbarkeit, hohe externe Effekte —, die eine Zurechnung zum öffentlichen Sektor nahelegen.

Folgerichtig wären die Ausgaben der öffentlichen Hand, die den Bestand des Gutes Umwelt erhöhen — und deren Gegenwerte nicht im gleichen Jahr verbraucht werden — als öffentliche Investitionen im Vermögenssinne anzusehen. Entsprechend müßten aber auch „Umwelt-Desinvestitionen" als negative öffentliche Investitionen berücksichtigt werden.

Daß dieses Vorgehen auf der anderen Seite mit erheblichen Bewertungsschwierigkeiten verbunden wäre, ist unmittelbar einsichtig und eine im Zusammenhang mit der Brauchbarkeit

---

[38] Vgl. S. 79, Fußnote 20.

des Sozialprodukts als Wachstumsindikator vieldiskutierte Frage[39].

4.4 Investitionen als öffentlich finanzierter Zugang zum privaten Vermögen

Der Investitionsbegriff des Haushaltsrechts umfaßt, wie eingangs dargelegt, auch die Investitionsförderungsmaßnahmen. Subventionen bewirken eine öffentlich finanzierte Erhöhung des Vermögens beim Empfänger, der mit ihrer Hilfe seine Investitionsvorhaben umsetzt.

Bildet wie im vorangegangenen Abschnitt der Vermögensbegriff die Grundlage für die Definition des Investitionsbegriffs, so ergeben sich hier allerdings Schwierigkeiten. Zum Vermögen von Privaten, seien es natürliche oder juristische Personen, gehört auch das Geldvermögen (Kasse, Postscheck- und Bankguthaben). Der Tatbestand eines öffentlich finanzierten Zugangs zum privaten Vermögen trifft also auf *alle* Transferzahlungen zu, nicht nur auf die in OGr. 89 verbuchten Ausgaben zur Investitionsförderung. Denn alle Transferausgaben, unabhängig vom Zweck, lassen das Vermögen des Empfängers steigen, wenn der Bestand zum Zeitpunkt der Zahlung aufgenommen wird[40].

Wenn die öffentlichen Ausgaben, die einen Zuwachs zum privaten Vermögen zur Folge haben, in die Definition der öffentlichen Investitionen im Vermögenssinne eingeschlossen würden, müßten also auch alle Transferzahlungen unter diesen Begriff fallen. Damit würden sowohl solche Transfer-

[39] Vgl. auch S. 102 ff. dieser Arbeit und die dort zitierte Literatur, vgl. Jöhr, Walter, Zur Frage der Berücksichtigung der Umweltproblematik in der volkswirtschaftlichen Gesamtrechnung, in: Schweizerische Zeitschrift für Volkswirtschaft und Statistik 1972, S. 425 - 435, und Baltensperger, Max, Die volkswirtschaftliche Quantifizierung des Umweltverzehrs, ebenda, S. 405 - 421. Ebenso Nordhaus, William D., Tobin, James, Is Growth Obsolete?, in: The Measurement of Economic and Social Preference, hrsg. v. Milton Moss, New York 1973, S. 509—532.

[40] Bei den öffentlichen Ausgaben zum Beispiel für Käufe von Gütern steht dem Zugang zum Kassenvermögen beim Verkäufer (Einkommenseffekt) ein Abgang von Sachvermögen gegenüber, der den Zugang wertmäßig aufhebt. Darum soll hier nur auf die Transferausgaben bezug genommen werden, denen ex definitione keine direkte Gegenleistung entspricht.

zahlungen als öffentliche Investitionen bezeichnet, die einen längerfristigen Zuwachs zum privaten Vermögen zum Ziel haben (zum Beispiel Sparprämien, die das dauerhaft gehaltene Vermögen erhöhen sollen), als auch solche, die lediglich eine Korrektur der Einkommensverteilung bezwecken (zum Beispiel Kindergeld, das unter anderem auch dem höheren Bedarf an Konsumgütern in einer Familie mit Kindern Rechnung trägt). Diese Ausweitung des Investitionsbegriffs im Vermögenssinne auf reine Einkommenshilfen erscheint wenig sinnvoll. Sie wirft von der Zielsetzung her sehr verschiedene Ausgaben in einen gemeinsamen Topf und verwischt den Investitionsbegriff.

Diese Wirkung entsteht dadurch, daß hier die Vermögensübertragung mit dem Vermögenseffekt einer Investition gleichgesetzt wurde. Die Vermögensübertragung sagt jedoch noch nichts über die Verwendung der Mittel aus, sieht man einmal von den zweckgebundenen Zuwendungen ab. Erst wenn der Empfänger der Vermögensübertragung seinerseits die erhaltenen Mittel nicht konsumiert, sondern — in einem zweiten Schritt — wiederum zur Erhöhung seines Vermögens einsetzt, ist der Vermögenseffekt erkennbar, der auf eine „Investition" zurückgeht.

Da es aber außer bei den von vornherein an eine solche Verwendung gebundenen Subventionen nur schwer möglich sein dürfte, die investive Weiterverwendung der erhaltenen Mittel festzustellen, erscheint eine Abgrenzung der Investitionen als öffentlich finanzierter Zugang zum privaten Vermögen problematisch.

In sich stimmig wäre die Abgrenzung dagegen, wenn der Investitionsbegriff auf die Ausgaben des Staates zur Erhöhung des *eigenen* Vermögens beschränkt wird, so wie es auch dem Gebrauch des Begriffs in der Betriebswirtschaftslehre entspricht. Der öffentlich finanzierte Zuwachs zum privaten Vermögen wäre dagegen als Vermögensübertragung anzusehen. Bei einer Aggregation zur Volksvermögensrechnung würden Vermögensabgabe und Vermögensempfang der Sektoren untereinander saldiert, der Vermögenszuwachs da ausgewiesen, wo er tatsächlich entsteht, und Doppelzählungen würden vermieden.

4.5 Zwischenbilanz

Auf Grund der Tatsache, daß jede Investition mit einem Zugang zum Vermögen verbunden ist, kann eine Definition der Investition mit Hilfe des Vermögensbegriffs abgeleitet werden. Dies sollte im vorangegangenen Abschnitt versucht werden. Es zeigt sich jedoch, daß die Abgrenzungsschwierigkeiten damit nicht gelöst, sondern lediglich auf den Vermögensbegriff verschoben werden. Die Frage, was unter Vermögen zu subsumieren sei, wird nirgends eindeutig und allgemeingültig beantwortet. Die Schwierigkeiten, die bei der Abgrenzung des öffentlichen Vermögens auftreten, ähneln denen bei der Bestimmung des einzelwirtschaftlichen Vermögensbegriffs: Schwierigkeiten bei der Bestimmung der Lebensdauer oder des periodenüberschreitenden Nutzens von Vermögensgütern, bei der Feststellung, ob und welche Güter sich für die Leistungserstellung eignen, und bei der Bewertung der immateriellen Vermögensgüter. Im öffentlichen Sektor kommt erschwerend hinzu, daß schon bei den materiellen Vermögensgütern die Möglichkeiten einer monetären Bewertung und die Wahl des Bewertungsmaßstabs in vielen Fällen strittig sind. Darüber, inwieweit auch immaterielle Güter in den Vermögensbegriff einbezogen werden sollen, gibt es — wie im einzelwirtschaftlichen Bereich — keine verbindliche Einigung. Die öffentliche Vermögensrechnung ist dementsprechend unvollständig und als Grundlage für die Abgrenzung der öffentlichen Investitionen aus vermögensbezogener Sicht — der öffentlichen Investitionen als Zugang zum öffentlichen Vermögen — wenig brauchbar.

Der haushaltsrechtliche Investitionsbegriff umfaßt auch die Investitionsförderungsmaßnahmen, da er alle Investitionen einbeziehen soll, die mit Hilfe öffentlicher Mittel finanziert werden. Investitionsförderungsmaßnahmen zugunsten Dritter stellen einen Zugang zum privaten Vermögen dar. Dies trifft auch auf alle anderen Transferausgaben des Staates zu. Die Analyse zeigt, daß der Vermögenszugang, isoliert betrachtet, zur Abgrenzung der öffentlichen Investitionen nicht ausreicht. Vermögensübertragungen führen auch zu einem Vermögenszugang beim Empfänger, von dem aber noch nicht auf Investitionen geschlossen werden kann.

Für ein Unternehmen kann eine geleistete Vermögensübertragung durchaus eine Investition darstellen, wenn es sich davon einen Ertrag verspricht, zum Beispiel dadurch, daß der Empfänger ihm gegenüber wohlwollend gestimmt wird; die Vermögensübertragung erhöht dann das immaterielle Vermögen des Unternehmens, im gewählten Beispiel das Vermögensgut „gute Kundenbeziehung". *Öffentliche* Vermögensübertragungen (Transferzahlungen) sind dadurch gekennzeichnet, daß ihnen keine direkte Gegenleistung entspricht, und das öffentliche Vermögen erfährt durch sie keine Erhöhung. Zur Investition im Vermögenssinne führt die öffentliche Vermögensübertragung erst, wenn der Empfänger die Mittel wiederum nutzt, sein eigenes Vermögen dauerhaft zu erhöhen. Anders ausgedrückt: er erhält die Vermögensübertragung, damit er sie „investiv" nutzt und damit einen Beitrag zum Wachstum leistet. Die Einbeziehung der Investitionsförderungsmaßnahmen in den haushaltsrechtlichen Investitionsbegriff beruht also mehr auf dem Wachstumseffekt von Investitionen und geht weniger von der Berücksichtigung des Vermögenseffektes aus. Die investive Verwendung der empfangenen Gelder kann lediglich bei den zweckgebundenen Investitionshilfen mit einiger Sicherheit festgestellt werden. Daß auch durch andere Transferzahlungen Investitionen (das heißt Ausgaben, die zu einem Vermögenszugang bei Privaten führen) induziert werden, ist möglich, aber nicht kontrollierbar.

Wenn nun die Investitionsförderungsmaßnahmen unter dem Vermögensgesichtspunkt zu den öffentlichen Investitionen gezählt würden, so würde zum einen nur ein Teil der tatsächlich mit öffentlichen Mitteln finanzierten Zugänge zu privatem Vermögen erfaßt, zum anderen würde der Vermögenseffekt entweder jeweils doppelt ausgewiesen (beim Staat und beim privaten Investor) oder nur beim Staat, also nicht da, wo das Vermögen wirklich entsteht. Aus diesem

Grund sollte der Begriff öffentliche Investitionen im Vermögenssinne auf den Zugang zum *öffentlichen* Vermögen (und, wie oben dargestellt, zu Teilen des Volksvermögens) beschränkt bleiben; die Investitionsförderung sollte zu den Vermögensübertragungen gerechnet werden.

Inwieweit ist diese vermögensbezogene Abgrenzung des Investitionsbegriffs praktisch anwendbar, zum Beispiel um den Beitrag des Staates zur Vermögensbildung festzustellen? Solange es für das öffentliche Vermögen und das Volksvermögen keine operationale, nachvollziehbare, allgemeine Definition gibt oder aber einen Konsens über einen enumerativen Vermögensbegriff, kann auch die Definition der öffentlichen Investitionen im Vermögenssinne den Ansprüchen an eine wissenschaftliche Definition nicht genügen[41]. Ein solcher Konsens müßte aber — wenn auch zunächst nur auf nationaler Ebene, also ohne die Möglichkeit internationaler Vergleichbarkeit der Daten — zu erzielen sein, zumal, wie oben ausgeführt, auf die Bewertung des Vermögens*bestandes* in den meisten Fällen verzichtet werden könnte.

Ein Punkt, der mit der Definitionsaufgabe indirekt zusammenhängt, sollte schließlich in einer Zwischenbilanz noch erwähnt werden: Stärker als bei der Ableitung des Investitionsbegriffs aus dem Wachstumseffekt von Investitionen drängt sich bei der vermögensbezogenen Abgrenzung die Frage nach den *Des*investitionen auf. Ein Beispiel: Durch die unkontrollierte und kostenlose Nutzung von Umweltgütern oder den Abbau nicht regenerierbarer Rohstoffe nimmt der Bestand an diesen Vermögensgütern ab. Da es keinen Markt für Umweltgüter gibt, kann die Knappheit sich auch nicht in steigenden Preisen niederschlagen, die zu einer Umorientierung der Benutzer dieser Güter führen — es sei denn, der Staat simuliere den Marktprozeß. Die Abnahme des Vermögens an Umweltgütern geht mangels Bewertbarkeit zwar nicht in die Vermögensrechnung ein, ist aber an Indikatoren feststellbar. Sie stellt eine Desinvestition dar, und die öffentlichen Investitionen als Zugang zum öffentlichen Vermögen müßten um diese Desinvestitionen korrigiert werden.

[41] Vgl. S. 71, Fußnote 38.

5 Öffentliche Investitionen im wachstumspolitischen Sinne — Investitionen als wachstumswirksame Ausgaben

5.1 Grundlagen einer wachstumsorientierten Definition öffentlicher Investitionen

5.1.1 Zur Fragestellung

Nachdem im vorangegangenen Kapitel der Vermögenseffekt von Investitionen im Vordergrund stand, soll in diesem Abschnitt versucht werden, die öffentlichen Investitionen anhand des Wachstumseffekts von Investitionsausgaben abzugrenzen. Investitionen werden als „zukunftswirksame" oder „wachstumswirksame" Ausgaben angesehen, wobei beide Begriffe nahezu synonym gebraucht werden[1].

Die meisten Arbeiten über öffentliche Investitionen (gleich in welcher Abgrenzung) beschäftigen sich vorrangig mit dem Wachstumseffekt, der Vermögenseffekt tritt dagegen zurück. Das liegt nicht zuletzt daran, daß der Wachstumseffekt für die wirtschaftliche Entwicklung von besonderer Bedeutung ist und öffentliche Investitionen wegen ihrer Wachstumswirkungen als Mittel der Wachstumspolitik eingesetzt werden. Um Mißverständnissen vorzubeugen, sei das hier zugrundegelegte Verständnis von Wachstumspolitik kurz erläutert:

Wirtschaftswachstum ist in einem marktwirtschaftlichen System das Ergebnis einer großen Zahl von wirtschaftlichen Einzelentscheidungen. Insoweit ist Wachstum nicht politisch „machbar", das heißt, der Staat kann nicht x Prozent Wachstum bestimmen oder vorprogrammieren. Einige Autoren lehnen daher den Ausdruck Wachstumspolitik ab. Es erscheint jedoch unbestritten, daß der Staat das Wachstum fördern kann, indem er zum Beispiel die Mobilität von Kapital und Arbeit fördert, Wettbewerbshemmnisse beseitigt, die Märkte

[1] Vgl. zum Beispiel Bundesministerium für Wirtschaft und Finanzen (Hrsg.), Gutachten zur Finanzierung eines höheren Staatsanteils am Sozialprodukt, erstatten vom Finanzwissenschaftlichen Beirat beim BMWF, Bonn 1972.

für Newcomer offenhält, die nötige Infrastruktur bereitstellt, und auch indem er den „Erschließungseffekt" mancher öffentlicher Ausgaben nutzt. Mit diesen Mitteln ist zwar auch nicht eine exakt anzugebende Wachstumsrate garantiert — das wäre nur möglich, wenn die individuelle Entscheidungsfreiheit völlig aufgehoben würde —, aber sie beeinflussen die Bandbreite, in der sich das Wirtschaftswachstum bewegt. In diesem Sinne der Wachstumsförderung soll Wachstumspolitik hier verstanden werden. „Öffentliche Investitionen im wachstumspolitischen Sinn" sind demnach wachstumsfördernde Ausgaben.

In den folgenden Abschnitten sollen Kriterien gesucht und geprüft werden, mit deren Hilfe sich die wachstumswirksamen Ausgaben aus dem gesamten Bündel öffentlicher Ausgaben aussondern lassen. Untersucht werden diejenigen Kriterien, die am häufigsten in der Diskussion anzutreffen sind. Es sei noch einmal daran erinnert, daß eine wachstumsorientierte Definition öffentlicher Investitionen nicht zu dem gleichen Ergebnis führen muß, wie eine Definition der Investitionen als Zugang zum Vermögen.

Zuvor müssen jedoch noch einige grundsätzliche Fragen geklärt werden.

5.1.2 Öffentliche Investitionen und öffentliche Verschuldung

Daß die öffentlichen Investitionen als wachstumswirksame Ausgaben angesehen werden, steht unter anderem hinter der Entwicklung der gesetzlichen Verschuldungsgrenze. Bis zur Reform des Haushaltsrechts im Jahre 1969 durfte Kredit nur „bei außerordentlichem Bedarf" und „für werbende Zwecke" aufgenommen werden. Während die Kennzeichnung als außerordentlicher Bedarf unabdingbar war, schwächte der Gesetzgeber die Beschränkung auf Ausgaben für werbende Zwecke durch ein „in der Regel" ab[2].

Als „werbend" wurden „wirtschaftlich produktive, vermögenswirksame Maßnahmen"[3] angesehen. Hinter diesem

---

[2] Zur Entwicklung der Verschuldungsgrenze vgl. Hansmeyer, Karl-Heinrich, Der öffentliche Kredit, 2. Auflage, Frankfurt 1970, S. 48 ff.

Bezugspunkt für die staatliche Verschuldung stand eine auf betriebswirtschaftlichen Überlegungen beruhende Argumentation: Schuldaufnahme sei dann gerechtfertigt, wenn durch das mit ihrer Hilfe finanzierte Projekt dem Staat in der Zukunft erhöhte Einnahmen zufließen, die für den späteren Schuldendienst zur Verügung stehen[4]. Zunächst waren damit sich selbst tragende Projekte im engeren Sinne gemeint, das heißt, Projekte, die über Gebühren oder sonstige Leistungsentgelte genügend hohe Einnahmen erbringen. Die Kreditwürdigkeit wurde aber bald auch auf solche Projekte ausgedehnt, die das zukünftige Wachstum förderten, die Besteuerungsgrundlage erhöhten und über diesen „Umweg" zu Mehreinnahmen der öffentlichen Haushalte führen sollten[5].

Der alte „klassische Deckungsgrundsatz"[6] war erheblicher Kritik ausgesetzt. Soweit sich diese auf die Definition der „werbenden Zwecke" bezog, knüpfte sie primär an folgenden Überlegungen an:

— Die „werbende" Eigenschaft ist einer Maßnahme nicht „angeboren", sondern sie ist gestaltbar. Beschließen die

---

[3] Schmitt-Rousselle, R., Zur Problematik des verfassungsrechtlichen Begriffs „außerordentlicher Bedarf" (Art. 115 GG), in: Der öffentliche Haushalt, Jahrgang 9, 1/1967/68, S. 29.

[4] Vgl. Zimmermann, Horst, Der letzte „klassische Deckungsgrundsatz", in: Finanzarchiv, NF Band 24, 1965, S. 73. Kitterer meint, daß diese Analogie zu privatwirtschaftlichen Finanzierungsgrundsätzen einer Überprüfung nicht standhalte. Zum einen sei die betriebswirtschaftliche Betrachtung auf den öffentlichen Sektor nicht übertragbar, zum anderen hätten sich die Finanzierungsgrundsätze auch im privaten Bereich nicht bewährt und würden in der Regel nicht mehr angewandt. Vgl. Kitterer, Wolfgang, S. 25 f.

[5] „Lassen sich unter dem aus Rentabilitätsvorstellungen abgeleiteten Begriff der ‚sich selbst tragenden Anlagen' (self liquidating assets) Ausgaben für öffentliche Anlagen subsumieren, deren Einnahmen aus Gebühren oder Verkaufserlösen ausreichen, die zur Finanzierung des Projekts aufgenommene Schuld zu bedienen, so werden darüber hinaus auch Ausgabenprojekte, die als Anlaß dafür angesehen werden können, daß zu einem späteren Zeitpunkt (via Wachsen des Sozialprodukts und damit der Besteuerungsbasis bei gleichbleibenden Einnahmeparametern) eine Bedienung der aufgenommenen Kredite erfolgen kann, als (umwegs- oder indirekt) rentabel bezeichnet." Kullmer, Lore, Kriterien der Abgrenzung öffentlicher Ausgaben, in: Timm, H. / Haller, H. (Hrsg.), Beiträge zur Theorie . . ., S. 12.

[6] Zimmermann verwendet diesen Ausdruck im Titel seines Aufsatzes im Finanzarchiv.

politischen Entscheidungsträger, die Benutzung einer öffentlichen Einrichtung gegen Gebühr oder Eintrittspreis statt unentgeltlich abzugeben, so entscheiden sie gleichzeitig über ihre „werbende" Eigenschaft und damit über die Möglichkeiten ihrer Finanzierung. Hansmeyer folgert, da das Marktverhalten des Staates variabel sei, sei auch die Interpretation der Rentabilität offen, die den „werbenden Zwecken" zugrundeliegt[7].

— Noch weniger greifbar erscheint den Kritikern das Rentabilitätskriterium bei den Ausgaben, die das zukünftige Wachstum und damit die Besteuerungsgrundlage positiv beeinflussen sollen, um sich auf diese Weise selbst zu finanzieren. Die Einbeziehung dieser „umwegrentablen" Ausgaben mache den Begriff „werbende Zwecke" zum Schwamm, der nahezu alles aufnehmen könne[8].

Im Zuge der Haushaltsrechtsreform von 1969 verschwanden die Begriffe außerordentlicher Bedarf und werbende Zwecke aus der Bundesverfassung. Artikel 115 GG in der neuen Fassung bestimmt: „Die Einnahmen aus Krediten dürfen die Summe der im Haushaltsplan veranschlagten Ausgaben für Investitionen nicht überschreiten; Ausnahmen sind nur zulässig zur Abwehr einer Störung des gesamtwirtschaftlichen Gleichgewichts." Ziel dieser Änderung war es, den alten objektbezogenen Deckungsgrundsatz durch einen situationsbezogenen zu ersetzen. In der Begründung und Kommentierung dieser neuen Regelung wird allerdings der Bezug auf die „Situation" nicht in der Orientierung an der gesamtwirtschaftlichen Lage gesehen, sondern er wird unmittelbar mit

---

7 „Angenommen der Finanzminister beabsichtigt eine Finanzierung durch Kreditaufnahme, so wird er, wenn er sich nach dem engen Begriff der ‚werbenden Zwecke' richten will, das betreffende Objekt rentabel machen; er gibt die staatlichen Leistungen, die das Objekt erbringt, nicht kostenlos, sondern zu Gebührensätzen ab, die einer Rentabilität entsprechen. Da das Marktverhalten des Staates variabel sein kann, ist er in der Lage, die Rentabilität von Projekten zu manipulieren." Hansmeyer, K.-H., S. 58. Vgl. auch Zimmermann, Horst, Der letzte „klassische Deckungsgrundsatz", S. 79.

8 Vgl. Albers, Willi, Haushaltsrechtliche Grundlagen und elastische Durchführung einer konjunkturgerechten Finanzpolitik, in: Haller, Heinz (Hrsg.), Probleme der Haushalts- und Finanzplanung, S. 77—110.

der „finanzwirtschaftlichen Begrenzung, das heißt der Summe der im Haushaltsplan veranschlagten Ausgaben für Investitionen gleichgesetzt“[9].

In den Kommentaren zum neuen Haushaltsrecht finden sich zur Begründung dafür, die Neuverschuldung im Regelfall auf die Investitionsausgaben zu begrenzen, die gleichen Argumente, die schon für den alten Deckungsgrundsatz angeführt wurden[10]. Die Investitionsausgaben werden in gleicher Weise wie die früheren „werbenden Zwecke“ als wachstumswirksame oder zukunftswirksame Ausgaben charakterisiert. Dieser Grundgedanke spiegelt sich auch in der bereits zitierten Begründung zum Regierungsentwurf, in der Investitionsausgaben als diejenigen Ausgaben gekennzeichnet werden, „die bei makroökonomischer Betrachtung die Produktionsmittel der Volkswirtschaft erhalten, verbessern und vermehren“.

Wegen dieser engen Verbindung zwischen Investitionsbegriff und Begrenzung der Kreditaufnahme wird jede Überlegung über die Definition von Investitionen auf ihre Konsequenzen für die öffentliche Verschuldung untersucht werden. Dies ist um so wahrscheinlicher, wenn explizit nach einer wachstumsorientierten Definition der Investitionen gesucht wird.

Zwei Dinge müssen daher klargestellt werden:

Erstens ist es nicht Anliegen dieser Arbeit, zu prüfen, ob und inwieweit die Bindung der öffentlichen Verschuldung an die Investitionen als „Finanzierungsgrundsatz“ ihre ökonomische Berechtigung hat, und inwieweit ihre Begründung stichhaltig ist. Dies wurde in der Einleitung bereits erwähnt, sei der Deutlichkeit halber aber wiederholt.

---

[9] Kitterer, Wolfgang, S. 24 f.

Der Verfassungsgerichtshof des Saarlandes hat dagegen umgekehrt schon in der Formulierung „bei außerordentlichem Bedarf“ eine Situationsbezogenheit gesehen. Zumindest sei diese Auslegung möglich. Das Urteil wurde allerdings zu einem Zeitpunkt verkündet, zu dem die Änderung der Bundesverfassung schon feststand, die Landesverfassung enthielt noch die alte Formulierung. Vgl. Urteil des Verfassungsgerichtshofes des Saarlandes vom 16. Juli 1969, Aktenz. Lv 1/68, Abschnitt IV.

[10] Vgl. Kitterer, Wolfgang, S. 25 und die ebenda in Fußnote 14 angegebene Literatur zur Kritik an der Neuregelung.

Zweitens läßt sich die in den folgenden Abschnitten gestellte Frage, welche öffentliche Ausgaben „wachstumswirksam" seien, nicht „abstrakt", das heißt losgelöst von der gesamtwirtschaftlichen Situation beantworten, vor allem aber nicht losgelöst von der Finanzierungsseite. So können zum Beispiel öffentliche Baumaßnahmen — nach dem Haushaltsrecht Investitionen — in der Rezession wachstumsfördernd wirken, wenn der Staat brachliegendes Kapital produktiv einsetzt; dieselben Baumaßnahmen können eine wachstumshemmende Wirkung haben, wenn zu ihrer Finanzierung auf einem eng gewordenen Kapitalmarkt private Investitionen zurückgedrängt werden und/oder steigende Zinsen die Investitionsbereitschaft der Privaten verringern. Auch ihre Finanzierung über Steuererhöhungen könnte wachstumshemmend wirken, wenn diese die private Initiative lähmen. Mit anderen Worten: Ob eine Ausgabe „wachstumswirksam" ist, hängt auch von ihrer Finanzierung und von der konkreten Wirtschaftslage ab, in der sie vorgenommen wird.

Wenn nun trotzdem versucht werden soll, wachstumsfördernde Ausgaben zu erkennen, um die öffentlichen Investitionen als wachstumswirksame Ausgaben abzugrenzen, dann bedeutet das zweierlei: Zum einen muß die Wachstumswirkung unter der Prämisse analysiert werden, daß der öffentliche Haushalt ausgeglichen ist und weder durch sein Volumen noch durch die Struktur der Einnahmen die wirtschaftliche Entwicklung anregt oder dämpft. Zum zweiten wäre eine öffentliche Ausgabe, die in der Analyse als wachstumswirksam klassifiziert würde, nur potentiell wachstumswirksam und nicht immer und in jeder Situation.

5.1.3 Maßstäbe für die Wachstumswirkung

Zuvor muß jedoch das Adjektiv „wachstumswirksam" noch genauer bestimmt werden. Um welches oder wessen Wachstum geht es, und an der Veränderung welcher Größe kann dieses Wachstum abgelesen werden?

(Wirtschafts-)Wachstum wird in der Regel am Bruttosozialprodukt oder Sozialprodukt pro Kopf der Bevölkerung gemessen. Die Zunahme des BSP ist dabei kein eigenständiges Ziel, sondern steht stellvertretend für eine Mehrung des Wohlstands („welfare"), für den das BSP als Maßstab verwendet wird. Aber schon lange bevor die Diskussionen um Umweltschutz und Ressourcenknappheit eine breitere Öffentlichkeit erreichten, wandten kritische Stimmen ein, daß das BSP als *alleiniger* Wohlstandsindikator nicht ausreiche.

Daß ein Anstieg des Sozialprodukts nicht unbedingt mit Wohlstandsmehrung gleichzusetzen ist, läßt sich an einem einfachen Beispiel zeigen:

Durch Autounfälle entstehen Folgekosten, zum Beispiel für Krankentransport, Reparaturen, Versicherungsleistungen etc. Diese Folgekosten sind Zahlungsströme, die in die Sozialproduktberechnung eingehen. Nimmt die Zahl der Unfälle zu, so steigen die Folgekosten, und mit ihnen steigt ceteris paribus das Sozialprodukt. Daß eine größere Unfallhäufigkeit mit Wohlstandsmehrung gleichzusetzen sei, wird wohl niemand behaupten. Nehmen wir dagegen an, eine Straße, die bisher einen gefährlichen Engpaß enthielt, würde verbreitert (nach der haushaltsrechtlichen Systematik eine Investition). Die Zahl der Unfälle ginge daraufhin zurück, die Folgekosten würden sinken, mit ihnen ceteris paribus das Sozialprodukt. Trotzdem würde man nicht von Wohlstandsminderung sprechen wollen.

Es würde zu weit führen, an dieser Stelle die Diskussion um die „Unzulänglichkeiten des Sozialprodukts in seiner Eigenschaft als Wohlstandsmaß"[11] in ihren Einzelheiten aufzurollen. Als Hauptkritikpunkte werden genannt:

— Das Sozialprodukt mißt marktmäßige Einkommensströme (von wenigen Ausnahmen abgesehen, in denen fiktive Einkommensströme unterstellt werden). Das hat zur Folge, daß unentgeltlich geleistete produktive Tätigkeiten (wie Hausfrauenarbeit, ehrenamtliche karitative Arbeit etc.) ebensowenig in die Messung eingehen wie immaterielle

---

[11] Dies ist der Titel der Dissertation von Leipert, Christian, die als Buch beim Verlag J. C. B. Mohr, Tübingen 1975 erschien. Leipert gibt einen umfassenden Überblick über die Kritik am Sozialprodukt und die Ansätze zu einer Verbesserung der Wohlstandsmessung.

Wohlfahrtsbestandteile (Qualität der betrieblichen Arbeitsbedingungen, Freizeitanteil und -nutzung, Gesundheitsstand etc.).

— Das SP gibt keine Auskunft über Stand und Veränderungen der funktionellen und personellen Verteilung, die für die Beurteilung der Wohlfahrt *aller* Bürger wichtig sind.

— Staatliche Leistungen, die mangels Marktpreisen zu Herstellungskosten angesetzt werden, bilden einen Fremdkörper in der Berechnung.

— Von einigen Kritikern wird bezweifelt, daß es sinnvoll ist, alle monetär bewerteten Leistungen einfach zu aggregieren; viele seien einander bedingende konkurrierende Leistungen (zum Beispiel die der Steuerbeamten und der Steuerberater)[12].

— Einige Leistungen sind unter Wohlstandsgesichtspunkten als Aufwand und nicht als Ertrag zu buchen, zum Beispiel die Leistungen zur Beseitigung von Umweltschäden oder die sozialen Kosten des Umweltschutzes allgemein.

Werden alle diese Kritikpunkte in Betracht gezogen, so ist zunächst festzustellen, daß das Bruttosozialprodukt sich als Wohlstandsmaß lediglich auf den *wirtschaftlichen* Wohlstand beziehen kann, auch diesen aber nur mit Einschränkungen wiedergibt.

Versuche, die Wohlstandsmessung zu verbessern, gehen von verschiedenen Ansatzpunkten aus. Eine Richtung ist bestrebt, die Sozialprodukt-Rechnung durch Einbeziehung wohlstandsmehrender Merkmale und Ausscheiden von Aufwandsgrößen zu erweitern und zu korrigieren. Sie bleibt allerdings eindimensional, weil sie eine Messung in Geldeinheiten voraussetzt, also nur monetär bewertbare Merkmale erfassen kann[13].

Der zweite Ansatzpunkt ist die Entwicklung sogenannter Sozialer Indikatoren. Soziale Indikatoren ergänzen die Sozial-

---

12 Ebenda, S. 41.

13 Vgl. Leipert, Christian, Revision des Sozialproduktkonzeptes und Wohlstandsmessung — Bemerkungen zu einem Neuansatz zur Messung des wirtschaftlichen Wohlstands, in: Bombach, Gahlen, Ott (Hrsg.), Ausgewählte Probleme der Wachstumspolitik, Tübingen 1976, S. 43.

produkt-Messung durch die Beschreibung gesellschaftlicher Tatbestände, denen Einfluß auf die Wohlfahrt beigemessen wird. Dies setzt allerdings eine Vorstellung von den anzustrebenden Zuständen voraus. So stellt der UNESCO-Report über Soziale Indikatoren fest, es sei eine gewisse Lässigkeit in der Handhabung des Begriffs eingetreten, „to the extent that most of the social statistics which are usually collected for administrative purposes are being rebaptized ‚Social Indicators'"; von echten Social Indicators müsse man jedoch verlangen, daß sie „must have a place within some sociological or social policy model"[14]. Der Report hebt hervor, daß Soziale Indikatoren, die „Wohlfahrt" oder „Lebensqualität" umschreiben, nicht immer positiv mit dem wirtschaftlichen Wachstum korrelieren. Er macht auch deutlich, daß die Schwierigkeiten der Bestimmung von Sozialen Indikatoren, ihrer Gewichtung und Bewertung im Vergleich miteinander noch nicht gelöst sind.

Wenn die Erreichung des Wachstumsziels im politischen Zielbündel nicht mehr einfach mit Hilfe des Sozialprodukts gemessen werden kann, wirkt sich das auch auf die Definition der öffentlichen Investitionen als wachstumswirksamer Ausgaben aus.

So grenzen Nordhaus und Tobin in ihrem Konzept einer „Measure of Economic Welfare" als Alternative zum Sozialprodukt die Investitionen neu ab. Sie klammern zunächst in Anlehnung an Kuznets alle öffentlichen Ausgaben aus, die „der Sicherung und dem Ausbau der gesellschaftlichen Rahmenbedingungen sowie der elementaren Produktionsvoraussetzungen" dienen[15]. Weiter ziehen sie diejenigen öffentlichen Ausgaben ab, die wirtschaftsprozeßinduzierte Mängel beseitigen müssen. „Als wohlstandsrelevante Investitionen werden allein die Ausgabenarten berücksichtigt, die produktivitätssteigernd wirken (wie Ausgaben für das Bildungs- und Gesundheitswesen) oder haushaltsorientierte Dienstleistungen erbringen (wie Wohnungsbau und Verkehrswe-

---

[14] UNESCO Reports and Papers in the Social Sciences No 30/1974, Social Indicators: Problems of Definition and Selection, S. 8—9.

[15] Leipert, Christian, Revision . . ., S. 50.

sen)[16]." Hier knüpft die Diskussion an die schon im Zusammenhang mit der volkswirtschaftlichen Gesamtrechnung gestellte Frage nach der Trennung staatlicher Vorleistungen und staatlichen Konsums an[17]. Eine international anerkannte Antwort auf diese Frage gibt es (noch) nicht.

Für die vorliegende Definitionsaufgabe bleibt festzuhalten, daß die als Merkmal der Investition geltende Wachstumswirkung nicht allein am BSP gemessen werden kann. Im folgenden wird dennoch einmal unterstellt, das Sozialprodukt gäbe annäherungsweise verwertbare Ergebnisse als Maß für den *wirtschaftlichen* Wohlstand ab. Das Hauptaugenmerk liegt dann auf den Schwierigkeiten, wachstumswirksame Ausgaben aus dem gesamten Bündel der öffentlichen Ausgaben herauszuschälen, selbst wenn die Wachstumswirkung mit dem „richtigen" Maßstab gemessen würde.

5.2 Kriterien für die Bestimmung wachstumswirksamer Leistungen

Während einige Autoren dem Versuch, konsumtive und investive (wachstumswirksame) öffentliche Ausgaben zu unterscheiden, eher skeptisch oder ablehnend gegenüberstehen und vor einer Überbewertung der Unterscheidung warnen[18], findet man bei anderen eine Reihe von Kriterien, die wachstumswirksamen Staatsausgaben abzugrenzen. Einige dieser Kriterien sollen in diesem Abschnitt auf ihre Brauchbarkeit für die Definitionsaufgabe und auf ihre Operationalität hin überprüft werden. Die Verfasserin erhebt dabei nicht den Anspruch auf Vollständigkeit der Untersuchung, hofft jedoch, die grundsätzlichen Schwierigkeiten der wachstumsbezogenen Abgrenzung öffentlicher Investitionen darstellen zu können.

---

16 Ebenda, S. 53.

17 Vgl. S. 49 ff.

18 So warnt beispielsweise Woll davor, diese aus der Klassik stammende Unterscheidung zu überspannen, weil sie „einige ökonomische Probleme (zum Beispiel wichtige Gemeinsamkeiten aller Güter) mehr verschleiert als offenlegt". Woll, Artur, Konkurrenz wirtschaftspolitischer Ziele, in: Dürr, Ernst (Hrsg.), Beiträge zur Wirtschafts- und Gesellschaftspolitik, Festschrift für Theodor Pütz, Berlin 1975, S. 276.

5.2.1 Produktivität und Kapazitätseffekt als Abgrenzungskriterium

Ein mögliches Kriterium für die Abgrenzung wachstumswirksamer Ausgaben wird in ihrem Produktivitätseffekt gesehen. Manche Autoren arbeiten stattdessen mit dem Kapazitätseffekt, der mit Hilfe des Kapitalkoeffizienten ausgedrückt wird. Da der Kapitalkoeffizient der reziproke Wert der Produktivität ist, sollen beide gemeinsam behandelt werden.

„Produktivität" ist ein (betriebswirtschaftlicher) Begriff aus der Güterwelt. Produktivitätskennziffern geben den mengenmäßigen Ertrag (output) im Verhältnis zum Faktoreinsatz (input) wieder. Um die verschiedenen im Produktionsprozeß eingesetzten Faktoren zusammenfassen und dem Output gegenüberstellen zu können, werden beide Seiten der Relation mit Hilfe von (jeweiligen) Preisen bewertet. Aus dem Mengen- wird ein Wertbegriff.

Partielle Produktivitätskennziffern rechnen den gesamten Ertrag einem Faktor (Arbeit oder Kapital) zu; sie geben beispielsweise den Ertrag pro Arbeitsstunde, pro Beschäftigtem oder pro DM eingesetztem Kapital an. Diese Kennziffern erlauben allerdings keine Aussage über Kausalzusammenhänge. Zwar kann an ihnen abgelesen werden, ob der Ertrag pro Faktoreinheit steigt oder sinkt, aber die Kennziffer läßt nicht erkennen, ob diese Veränderung auf veränderte Faktoreinsatzverhältnisse, veränderte Faktorergiebigkeit oder Qualitätsänderungen zurückgeht.

Die Produktivität als Kriterium für die Zuordnung einer Ausgabe zu den öffentlichen Investitionen im wachstumspolitischen Sinn ist nicht zu verwechseln mit der Produktivität der Leistungs*erstellung* durch den Staat[19]. Es geht hier vielmehr um die Frage, ob die Ausgabe beziehungsweise die Leistung selbst als „produktiv" angesehen werden kann, das heißt, ob sie die volkswirtschaftliche Wertschöpfung erhöht.

---

[19] Zur Frage der Produktivität der Leistungserstellung im öffentlichen Sektor vgl. Brümmerhoff, Dieter, Produktivität des öffentlichen Sektors, in: Finanzarchiv, NF Bd. 34, 1975/76, S. 226—243.

Zimmermann erläutert den Produktivitätsbegriff in diesem Zusammenhang: „Darunter versteht man den Betrag, den eine Investition zur Mehrung des Ausstoßes an Gütern und Dienstleistungen beiträgt. Bei den rentablen Investitionen glaubt man diese Produktivität durch die sichtbare Rentabilität belegt zu haben. Fehlt dieser Maßstab der Rentabilität, so schließt man aus der Art des Projektes auf eine vermutete Produktivität . . .[20]."

Hedtkamp zieht den Kapazitätseffekt als Abgrenzungskriterium heran: „Als öffentliche Investition sollen daher alle diejenigen Staatsausgaben definiert werden, die die Produktionskapazität des Staates oder der Privaten c. p. erhöhen, d. h. in diesem Sinne einen Produktivitätseffekt haben, gleichgültig, ob es sich um ‚soziale' (Sozialkapital) oder erwerbswirtschaftliche Investitionen handelt[21]." Er beziehe sich bewußt auf die Produktionskapazität und nicht auf die Gesamtheit der Wachstumseffekte.

Nach dieser Abgrenzung sind öffentliche Investitionen Ausgaben, die das Produktionspotential (oder, wie Hedtkamp schreibt, die Produktionskapazität) vergrößern. Inwieweit das Potential ausgeschöpft wird, hängt von der konjunkturellen Entwicklung im Inland, außenwirtschaftlichen Einflüssen und anderen Faktoren ab. Der Kapazitätseffekt ist also nicht identisch mit dem tatsächlichen Wachstum des Sozialprodukts, sondern er beschreibt die Wirkung der Investition auf das potentielle, das mögliche Sozialprodukt.

Gemessen wird der Kapazitätseffekt mit Hilfe des (marginalen) Kapitalkoeffizienten. Dieser gibt das Verhältnis von Nettoinvestitionen zu (potentiellem) Produktionszuwachs an. „Ein großer Kapitalkoeffizient bedeutet, daß eine gegebene Nettoinvestition nur einen kleinen Zuwachs zur potentiellen Produktion bewirkt. Kapazitätseffekte bleiben völlig aus, wenn der Kapitalkoeffizient unendlich groß ist; bei gegebe-

---

[20] Zimmermann, Horst, Öffentliche Finanzhilfen an Entwicklungsländer, Berlin 1963, S. 40.

[21] Hedtkamp, Günther, Bestimmungsgründe für Umfang und Struktur der öffentlichen Ausgaben, in: Timm, H. / Haller, H. (Hrsg.), Beiträge zur Theorie . . ., S. 85.

nem Investitionsvolumen ist also der Zuwachs zur potentiellen Produktion gleich Null[22]." Wichtig für die Anwendung dieses Teilstücks der Wachstumstheorie zur Abgrenzung öffentlicher Investitionen ist,

— daß die Größe des Kapitalkoeffizienten auch von der Wahl des Betrachtungszeitraums abhängt: Je länger die Zeitspanne ist, die der Messung zugrundeliegt, desto größer ist in der Regel die potentielle Produktion, das heißt, desto größer ist der Kapazitätseffekt;

— daß der Koeffizient eine statistische Meßgröße ist, die keine Aussage über die *Ursache* des Zuwachses zum Produktionspotential enthält. Eine solche Aussage wäre nur unter ceteris paribus Bedingungen möglich[23].

Inwieweit sind Produktivität beziehungsweise Kapazitätseffekt brauchbar für die Abgrenzung wachstumswirksamer Ausgaben?

Im betriebswirtschaftlichen Sinne rentable, das heißt gewinnbringende Investitionen kommen im öffentlichen Bereich sehr selten vor, im allgemeinen nur bei den Gemeinden. Die meisten öffentlichen Leistungen sind gerade dadurch gekennzeichnet, daß sie nicht entgeltlich abgegeben werden. Insofern kann auch eine Rentabilität im eigentlichen Sinne nicht errechnet werden. Die Tatsache, daß es für die weitaus meisten vom Staat produzierten Güter und Dienstleistungen keinen Marktpreis gibt, macht aber auch die Anwendung des Produktivitätsbegriffs im ursprünglichen Sinne unmöglich: der Output läßt sich nicht sinnvoll messen[24]. „Dies (die feh-

---

22 Rose, Klaus, Grundlagen der Wachstumstheorie, Göttingen 1971, S. 22.

23 „Investitionen werden bei unveränderter Arbeitsmenge und gleichem technischen Wissen sicherlich einen geringeren Kapazitätseffekt haben, als wenn sich Kapitalstock und Arbeitseinsatz in gleichem Maße vergrößern und zugleich die Effizienz des Kapitals durch den technischen Fortschritt gehoben würde. Die Größe des Kapitalkoeffizienten muß also auch den Stand der Technik, die Änderung des Arbeitseinsatzes usw. widerspiegeln ..." Rose, Klaus, S. 23.

24 Vgl. Hedtkamp, Günther, S. 86. Zimmermann zitiert die Weltbank, die auch „kein einziges allgemein gültiges Kriterium" kenne, wonach Produktivitäten skaliert werden könnten. Vgl. Zimmermann, Horst, Öffentliche Finanzhilfen, S. 42, Fußnote 17.

lende Meßbarkeit, d. V.) ist natürlich kein Grund, ihn prinzipiell zu leugnen[25]."

Das Ergbnis muß für den Kapitalkoeffizienten gleichlauten, da er der Kehrwert der Produktivität ist. So weist Littmann darauf hin, daß ein Kapitalkoeffizient für den öffentlichen Sektor nicht berechnet werden könne, da weder der Kapitalstock, noch die Wertschöpfung der Staatswirtschaft hinreichend genau erfaßt werden könnten[26]. Bombach zitiert die „herkömmliche Wachstumstheorie", nach der die öffentlichen Investitionen keinen Kapazitätseffekt, das heißt einen unendlich großen Kapitalkoeffizienten besäßen. „Die Unterstellung eines Ertrages unterbleibt wohlgemerkt nur," fährt er fort, „weil Parallelen zur Marktwirtschaft fehlen und man willkürliche Unterstellungen vermeiden will"[27].

Jürgensen bezieht sich auf den oben erwähnten Zusammenhang zwischen Größe des Koeffizienten und Betrachtungszeitraum. Er führt an, daß der Betrachtungszeitraum meist zu kurz sei, um bei der langen Lebensdauer öffentlicher Investitionen einen Kapazitätseffekt zu ermitteln[28].

Eine Hauptschwierigkeit, den Kapazitätseffekt (oder die Produktivität) öffentlicher Ausgaben zu bestimmen, liegt darüber hinaus darin, daß „die induzierte Produktion weitgehend innerhalb privater Firmen geschieht"[29], beziehungsweise, daß der Kapazitätseffekt sich in der Produktivität privater Investitionen realisiert[30]. Öffentliche Güter und

[25] Timm, Herbert, Staat, Wachstum und Preisniveau, in: Zeitschrift für die gesamte Staatswissenschaft, 119. Band, 1963, S. 269.

[26] Vgl. Littmann, Konrad, Zunehmende Staatstätigkeit, S. 47.

[27] Bombach, Gottfried, Konsum oder Investitionen für die Zukunft?, in: Aufgabe Zukunft: Qualitatives Wachstum, Frankfurt/M. 1972, S. 46. In einer Fußnote ebenda weist Bombach darauf hin, daß dieses Problem nicht zu verwechseln sei mit der zu Recht gestellten Frage, ob nicht weitere Ausgaben zu den Investitionen gerechnet werden müßten.

[28] Vgl. Jürgensen, Harald, Bemerkungen zu Wachstums- und Verteilungseffekten privater und öffentlicher Investitionen, in: Schneider, Erich (Hrsg.), Wirtschaftskreislauf und Wirtschaftswachstum, Carl Föhl zum 65. Geburtstag, Tübingen 1966, S. 87.

[29] Frey, Bruno, Eine politische Theorie des wirtschaftlichen Wachstums, in: Kyklos, Vol. XXI, 1968, S. 81, Fußnote 22.

[30] Vgl. Weber, Wilhelm, Wachstumseffekte der Staatsausgaben, in: Timm, H. / Haller, H. (Hrsg.), Beiträge zur Theorie . . ., S. 285.

Dienstleistungen gehen zu einem großen Teil als Vorleistungen in die private Produktion ein. Soweit sie unentgeltlich — von Steuern einmal abgesehen — oder gegen nicht kostendeckende Gebühren/Preise abgegeben werden, bedeutet das eine Ersparnis im privaten Sektor beziehungsweise eine Verringerung der Produktionskosten. Je besser zum Beispiel die Verkehrswege eines Landes ausgebaut sind, desto weniger fallen Transportkosten ins Gewicht.

Öffentliche Investitionen, definiert als Ausgaben, die Kapazitätseffekte im privaten Sektor bewirken, sind komplementär[31] zu den privaten und zugleich substitutiv: Zum einen ergänzen sie die private Wirtschaftstätigkeit; zum anderen müßten die privaten Unternehmen die Aufgaben und Kosten übernehmen, wenn der Staat dies nicht tut. Timm schließt daraus: „Statt nun dem Einfluß der staatlichen Leistungen auf die Erzeugung mit dem Versuch nachzuspüren, die Staatsausgaben in Investitions- und Konsumausgaben aufzuteilen und Vorstellungen über den Kapitalkoeffizienten der staatlichen Leistungen zu gewinnen, scheint es sinnvoller zu sein, sich diesen Einfluß in einer Veränderung des Kapitalkoeffizienten (σ) der privaten Unternehmen vorzustellen: je mehr die staatlichen Leistungen die Produktivität der privaten Unternehmen erhöhen, desto kleiner ist also σ ...[32]."

Werden nicht nur — wie in der Literatur üblich — die privaten Unternehmen betrachtet, sondern auch die privaten Haushalte, so lassen sich auch dort Einflüsse auf die Produktivität ableiten. Man denke beispielsweise an Kindergärten und Spielplätze, die die Mutter entlasten und es ihr ermöglichen, als Hausfrau oder in einem anderen Beruf einen höheren Beitrag zum Sozialprodukt zu leisten[33].

31 „Bestimmte Komponenten der Staatsausgaben stellen im Grunde genommen nichts anderes dar als einen volkswirtschaftlichen (komplementären) Produktionsfaktor, ohne den die Wirtschaftsentwicklung nicht möglich ist." Wittmann, Walter, Staatliche Aktivität, wirtschaftliche Entwicklung und Preisniveau, Zürich 1965, S. 20.

32 Timm, Herbert, Staat, Wachstum und Preisniveau, S. 267.

33 Dabei ist unterstellt, daß auch die unentgeltliche — und daher in der herkömmlichen Sozialproduktrechnung nicht erfaßte — Arbeit der Hausfrau produktiv ist und zur Wertschöpfung beiträgt.

Wenn als öffentliche Investitionen diejenigen Ausgaben aus dem gesamten Bündel öffentlicher Ausgaben herausgefiltert werden sollen, die eine Veränderung des Kapitalkoeffizienten im privaten Sektor bewirken, dann stellt sich die Aufgabe, diesen Effekt zunächst zu isolieren. Es müßte festgestellt werden, ob und inwieweit eine Veränderung des Kapitalkoeffizienten im privaten Sektor auf Vorgänge im privaten Sektor selbst zurückgeht, also einzelwirtschaftlich determiniert ist, oder als Folge öffentlicher Ausgaben auftritt. Nun läßt sich aber in der Regel — da ceteris paribus Bedingungen in der Wirklichkeit kaum anzutreffen sind — weder die Entwicklung des privaten Kapitalkoeffizienten in einen öffentlich und einen einzelwirtschaftlich begründeten Teil aufspalten, noch lassen sich die Effekte *einzelnen* öffentlichen Ausgaben zuordnen, die auf Grund dessen als Investitionen zu bezeichnen wären.

Da eine objektive Messung von Produktivität beziehungsweise Kapazitätseffekt nicht möglich ist, bleibt nur die von Zimmermann angeführte „vermutete Produktivität". Zwar läßt sich, wie er sehr anschaulich darstellt, eine Erhöhung des Sozialprodukts nicht einer von mehreren gleichzeitig getätigten öffentlichen Ausgaben zurechnen, ganz abgesehen davon, daß sich außer den öffentlichen Ausgaben auch noch eine ganze Reihe anderer Einflußfaktoren in der Entwicklung des Sozialprodukts niederschlagen[34].

Man könnte jedoch aus Erfahrungswerten und nach Plausibilitätsüberlegungen eine Liste „produktiver" öffentlicher Ausgaben — sprich Investitionen — aufstellen, Ausgaben, bei denen eine wachstumsfördernde Wirkung angenommen wird. Allerdings würde ein solchermaßen abgeleiteter Investitionsbegriff den Kriterien von Zuverlässigkeit und Gültigkeit kaum genügen und ließe sich mit hoher Wahrscheinlichkeit beliebig manipulieren. Produktivitätsbegriff beziehungsweise Kapazitätseffekt erscheinen daher als nur mit erheblichen Einschränkungen brauchbare Kriterien für die Abgrenzung öffentlicher Investitionen im wachstumspolitischen Sinn.

[34] Vgl. Zimmermann, Horst, Öffentliche Finanzhilfen, S. 43.

5.2.2 Nutzeneffekte als Abgrenzungskriterium

Einige Autoren befürchten, daß die Bedeutung öffentlicher Investitionen wegen der Schwierigkeiten, ihre Produktivitätswirkung quantitativ exakt zu erfassen, unterschätzt werden könnte[35]. Ihr Ansatzpunkt ist zunächst die Tatsache, daß die Produktivitätsziffern und Kapazitätswirkungen ja nur einen Teil des gesamten Nutzens öffentlicher Investitionen erfassen, nämlich den Teil, der auf Realkapitalbildung zurückzuführen ist. Das zukünftige Wachstum wird aber nicht nur durch die Veränderung des Kapitalstocks beeinflußt — was technischen Fortschritt einschließt —, sondern hängt zum Beispiel auch von Art und Qualität des Faktors Arbeit ab. Werde dieser bei der Definition der Investitionen berücksichtigt, so wird argumentiert, dann seien auch alle diejenigen Ausgaben zu den Investitionen zu zählen, die diesen Faktor in seiner Qualität beeinflußten. Der „Nutzen" öffentlicher Investitionen wird umfassender gesehen, er geht über den Realkapitalaspekt hinaus[36].

An die Stelle des zwar nicht exakt meßbaren, aber begrifflich klaren Kapazitätseffekts tritt der nicht näher bestimmte „Nutzen". Da die Ableitung dieses Abgrenzungskriteriums sich auf die beiden Produktionsfaktoren Arbeit und Kapital und deren Beitrag zum Wachstum gründete, geht es augenscheinlich um den „Nutzen für das zukünftige Wachstum". Jede öffentliche Ausgabe wäre auf ihren Nutzen für das Wachstumsziel zu prüfen, wobei dieser Nutzen sich nicht

---

35 Diese Meßschwierigkeiten sind nicht zu verwechseln mit der Frage, ob und wie die konjunkturellen Wirkungen einer Steigerung einzelner öffentlicher Ausgaben gemessen werden können. Alle großen wirtschaftswissenschaftlichen Forschungsinstitute arbeiten mit Input/Output-Modellen, mit deren Hilfe die konjunkturellen Impulse, die von einer Erhöhung einzelner öffentlicher Ausgaben ausgehen, quantitativ vorausgeschätzt werden. Diese Modelle enthalten — unter anderem aus Erfahrungswerten gewonnene — Annahmen über Multiplikatoreffekte. Im vorliegenden Fall geht es jedoch um die Identifizierung einzelner öffentlicher Ausgaben als Investitionen mit Hilfe von Produktivitäts- und Kapazitätswirkungen. Einkommenseffekte, die *alle* öffentlichen Ausgaben haben, werden nicht berücksichtigt.

36 Vgl. Sommer, Erdmute, Ansatzpunkte zur Beurteilung der Wachstumswirkungen öffentlicher Investitionen, Dissertation, München 1966, S. 17, und Harms, Uwe, Die Forderung eines höheren Staatsanteils am Bruttosozialprodukt, Hamburg 1970, S. 53.

direkt in Realkapitalbildung niederzuschlagen braucht. Als Beispiel für solche wachstumswirksamen (gleich „nützlichen") Ausgaben werden Bildungsausgaben und die Ausgaben für das Gesundheitswesen genannt. Der Investitionsbegriff auf Nutzenbasis beschränkt sich dabei nicht auf die Sachausgaben, sondern soll die gesamten Ausgaben für diese Bereiche umfassen[37].

Dieses Konzept, das auf den ersten Blick recht einleuchtend scheint, wirft eine Reihe von Fragen auf.

Eine erste große Schwierigkeit ist damit verbunden, daß die Autoren explizit beim „Faktor Arbeit" ansetzen. Die Ausgaben für die von ihnen angeführten Aufgabenbereiche lassen sich aber nicht nur auf den Faktor Arbeit beziehen. Mit anderen Worten: öffentliche Bildungsausgaben oder die Ausgaben im Gesundheitswesen kommen nicht nur Erwerbstätigen zugute und wirken sich nicht nur in einer Veränderung der Qualität des Faktors Arbeit aus.

Am Beispiel der Gesundheitsausgaben sei dies kurz erläutert: Auf der einen Seite ist eine produktivitätssteigernde — oder eine Produktivitätsminderungen vermeidende — Wirkung derjenigen öffentlichen Ausgaben nicht zu bezweifeln, die Krankheiten verhüten oder bekämpfen helfen. Diese Wirkung fällt um so mehr ins Gewicht, je mehr Vorleistungen in Form von Bildungsausgaben und je mehr Kapital pro Arbeitsplatz eingesetzt wurden. „Die Produktivität entsprechender Bemühungen um Gesundheitsvorsorge, Unfallverhütung und Heilung nimmt (im Vergleich zum Sozialprodukt) überproportional zu[38]." Auf der anderen Seite steht hinter den öffentlichen Ausgaben im Gesundheitswesen nicht primär das Ziel, das Wirtschaftswachstum zu fördern, sondern die humanitäre Zielsetzung steht im Vordergrund[39]. Die öffent-

[37] So schreibt Harms: „Zumindest bei sämtlichen — auch den laufenden — Ausgaben für Ernährung, Bildung und Forschung sowie für Gesundheit kann dieser (der Nutzen, d. V.) nach neueren Untersuchungen . . . als gegeben betrachtet werden." Harms, Uwe, S. 53.

[38] Schröder, Dieter, Die Größenordnung der öffentlichen Ausgaben für die Infrastruktur in der Bundesrepublik Deutschland bis 1985, in: Jochimsen, R. / Simonis, U. (Hrsg.), Theorie der Infrastrukturpolitik, S. 434.

lichen Leistungen kommen nicht nur den Erwerbstätigen zugute, sondern allen Bürgern, unabhängig von ihrer augenblicklichen Nützlichkeit für den Produktionsprozeß. Genau genommen müßte ein Teil der Gesundheitsausgaben daher als nicht wachstumswirksam von den Investitionen abgezogen und der Kategorie Staatsverbrauch zugerechnet werden. Aber wie groß sollte dieser Teil sein? Ist er überhaupt feststellbar[40]?

Eine weitere Schwierigkeit, das Konzept anzuwenden, liegt im Nutzenbegriff selbst. Die Art und Weise, in der eine Ausgabe dem Wirtschaftswachstum nutzen soll, ist nicht definiert. So lassen sich für nahezu alle öffentlichen Ausgaben direkte oder indirekte Nutzeneffekte für das Wirtschaftswachstum annehmen. Zum Beispiel schafft ein großer Teil der Verwaltungsausgaben erst die Rahmenbedingungen für die private Wirtschaftstätigkeit und ist Voraussetzung für private Investitionen. Unter Nutzengesichtspunkten wären diese Ausgaben also als öffentliche Investitionen zu bezeichnen. Dies müßte um so mehr gelten, als durch die Betonung des „qualitativen" Wachstums die Rahmenbedingungen ein besonderes Gewicht gewinnen[41].

Daß unter der Fragestellung „Nutzen für das zukünftige Wachstum" nahezu alle öffentlichen Ausgaben in den Investitionsbegriff einbezogen werden könnten[42], haben auch die Vertreter des Nutzenkonzepts gesehen. Sie geben zu, daß „fast jeder laufende Verbrauch von Ressourcen den künftigen Nutzen beeinflußt und damit einen Kapitalbildungsaspekt

---

39 Schröder meint allerdings: „... der humanistische Aspekt profitiert eher aus dieser ‚wirtschaftlichen' Betrachtungsweise, als daß er Anlaß gibt, Ausgaben zur Gesundheitspflege zu forcieren." Schröder, Dieter, S. 434.

40 Die Unterscheidung ist schon deshalb schwierig, weil Ansteckungsgefahr und Vererbung die Grenzen verwischen.

41 Vgl. Ewringmann, Dieter, Die Flexibilität öffentlicher Ausgaben, S. 43. Nordhaus/Tobin hatten dagegen zum Beispiel diese Ausgaben mit der Begründung ausgeklammert, sie schlügen sich bereits im Ergebnis der privaten Wirtschaftstätigkeit nieder und ihre Berücksichtigung würde zu Doppelzählungen führen.

42 Dabei ist die Schwierigkeit, Ausgabenteile als konsumtiv auszugrenzen, nicht berücksichtigt. Sie wird von den hier zitierten Autoren nach Kenntnis d. V. auch nicht erwähnt.

hat"[43]. Sie bieten aber auch einen Ausweg aus diesem Dilemma an: Entscheidend für die Zuordnung einer Ausgabe zu den Investitionen oder zum Verbrauch soll die *Enge des Zusammenhangs* zwischen Ausgaben und künftigem Nutzen sein. „... nur ein direkter und zumindest grundsätzlich quantifizierbarer Zusammenhang läßt eine Zuordnung einer Ausgabe zu den Investitionen vertretbar erscheinen[44]." Aber woran soll diese „Enge" gemessen werden? Wo sind die Grenzen zu ziehen, von denen an der Zusammenhang nicht mehr eng genug erscheint, ab wann wird die Verbindung von Ausgabe und Nutzen zu vage, um von öffentlichen Investitionen in dieser Abgrenzung zu sprechen? Eine nicht willkürliche, sondern intersubjektiv nachvollziehbare Grenze würde ein Mindestmaß an Meßbarkeit des Nutzens voraussetzen. Diese Meßbarkeit ist jedoch bei dem umfassenden Nutzenbegriff noch weniger wahrscheinlich, als bei den auf das Realkapital bezogenen Kriterien. Die Verfechter des Nutzenkonzepts haben selbst die Forderung nach Quantifizierung durch ein „grundsätzlich" eingeschränkt.

In Einzelfällen können Hilfsgrößen, Indikatoren, die den Nutzen der Ausgabe umschreiben, als Ersatzkriterien herangezogen werden. Harms zitiert Untersuchungen, die mit solchen Indikatoren arbeiten[45]. Hier überschneidet sich die vorliegende Fragestellung teilweise mit dem Versuch, das „qualitative Wachstum", das am Zuwachs des Sozialprodukts allein nicht meßbar ist, mit Hilfe von Sozialindikatoren zu beschreiben[46]. Diese Indikatoren sind bislang allerdings nur in einzelnen Bereichen brauchbar (sie werden zum Beispiel in der Gesundheitspolitik verwendet), und sie lösen im allgemeinen nicht die Schwierigkeit, die gemessenen Effekte einzelnen öffentlichen Ausgaben zuzurechnen. Das Nutzenkonzept bietet somit auch keine ausreichende Grundlage, öffentliche Investitionen als wachstumswirksame Ausgaben abzugrenzen.

---

44 Harms, Uwe, S. 53. Ebenso argumentiert Sommer, E., S. 18.

45 Vgl. Harms, Uwe, S. 53 und die dort angegebene Literatur.

46 Vgl. S. 123 ff. dieser Arbeit.

46 Vgl. S. 104 f. dieser Arbeit.

5.2.3 Das Konzept der „staatlichen Grundaufgaben" als Ansatzpunkt

In der Festschrift zum 65. Geburtstag von Carl Föhl hat Haller einen Erklärungsansatz für öffentliche Ausgaben entworfen, der auch für die Definition öffentlicher Investitionen brauchbar erscheinen könnte[47].

Haller stellt fest, es gebe öffentliche Ausgaben, die bei annähernd konstanter Bevölkerung (real) ebenfalls konstant bleiben und unabhängig vom erreichten Niveau des Sozialprodukts, das heißt vom erreichten Wohlstand, seien. Diese Ausgaben könnten also als wachstumsunabhängig bezeichnet werden. „Die (annähernd) konstanten Staatsausgaben, so kann man generell sagen, sind diejenigen, die die staatlichen „Grundleistungen" ermöglichen sollen, diejenigen staatlichen Dienste und Einrichtungen, ohne die ein geordnetes, friedliches, in relativer Sicherheit sich vollziehendes Zusammenleben der Menschen in großen Gemeinschaften nicht realisierbar ist[48]."

Daneben stehen diejenigen Ausgaben, deren Höhe mit der Höhe der privaten Ausgaben variiert. Haller unterscheidet „konsumkomplementäre" und „investitionskomplementäre" Ausgaben. In die erste Gruppe gehören zum Beispiel Ausgaben als Folge der Kraftfahrzeugdichte und -nutzung, der Freizeitnutzung u. a.; in die zweite Gruppe fallen die „Begleitkosten" der privaten Produktion wie zum Beispiel der Bau von Transportwegen, Umweltschutzausgaben und anderes. Die öffentlichen Ausgaben dieser Kategorie wachsen mit den privaten Konsum- beziehungsweise Investitionsausgaben, sie stehen mit diesen in Wechselwirkung[49].

---

47 Vgl. Haller, Heinz, Einige Gedanken zum Thema: Öffentliche Finanzen im Wirtschaftswachstum, in: Schneider, E. (Hrsg.), Wirtschaftskreislauf und Wirtschaftswachstum, S. 57—74.

48 Haller, Heinz, Einige Gedanken . . ., S. 62.

49 Hedtkamp weist darauf hin, daß öffentliche Leistungen sowohl Ursache als auch Folge des Wirtschaftswachstums sein können. „Es ist selten exakt zu entscheiden, was hier unabhängige und was abhängige Variable ist." Hedtkamp, Günther, S. 89. Haller legt die Betonung dagegen mehr auf öffentliche Ausgaben als *Folge* privater Wirtschaftstätigkeit.

Wenn sich eine saubere — das heißt, den Anforderungen an Zuverlässigkeit und Gültigkeit einer Definition genügende — Trennungslinie zwischen wachstumsunabhängigen und wachstumsgebundenen öffentlichen Ausgaben ziehen ließe, wäre daraus auch eine wachstumsorientierte Definition öffentlicher Investitionen ableitbar.

Aber die Trennungslinie ist nicht sauber. Die absolute, aber auch die relative Höhe der sogenannten konstanten Staatsausgaben pro Kopf der Bevölkerung ist in der Regel nicht völlig unabhängig vom Wohlstandsniveau. Wieviel für bestimmte Aufgaben und Funktionen aufgewendet wird, richtet sich ja nicht nur nach einem objektiv feststellbaren Bedarf, sondern hängt auch von der Gesamtsumme der zur Verfügung stehenden Mittel und von den Ansprüchen der verschiedenen Ressorts ab. Eine „wohlhabende" Volkswirtschaft kann auch für die „Grundaufgaben" mehr Mittel ausgeben als eine arme; sie kann die Leistungen verbessern oder intensivieren. Völlig unabhängig vom Wachstum sind diese Ausgaben daher — auch real — nicht; aus dem Haushaltsplan eines Staates mit wachsender Wirtschaft wäre nicht ohne weiteres ablesbar, welche Ausgaben zu den „konstanten" zählen und welche zu den wachstumsabhängigen.

Haller nennt explizit „Gesetzgebung, Regierung, Verwaltung, Rechtsprechung, Polizei und ... Militärapparat"[50] als Grundleistungen, die bei konstanter Bevölkerung ebenfalls annähernd konstant blieben. Diesen Funktionen ist gemeinsam, daß sie für das Zusammenleben in einer Gemeinschaft notwendig sind, und zwar unabhängig vom Wohlstandsniveau. Sie stellen — nicht in einer bestimmten Höhe, sondern als Aufgabenstellung — so etwas wie eine „Mindestausstattung" dar.

So könnten als „konstante" Ausgaben die Ausgaben für jene Funktionsbereiche angesehen werden, die in jeder Gesellschaft vorhanden sein müßten und darum als „Mindestausstattung" zu bezeichnen wären.

---

[50] Haller, Heinz, Einige Gedanken ..., S. 62.

Die Definition einer „Mindestausstattung" ergibt sich jedoch nicht allein nach objektiven ökonomischen Kriterien; sie ist gesellschaftlich und politisch determiniert und wandelbar. „... sowohl die Sozialausgaben als die Ausgaben für Bildung und Wissenschaft und die Ausgaben für den Straßenbau (werden) bereits von derart weitgehend akzeptierten wirtschaftspolitischen Zielvorstellungen getragen ..., daß es ... durchaus gerechtfertigt erscheint, sie neben den Ausgaben zur Errichtung und Sicherung der inneren Ordnung und äußeren Sicherheit zu einem kulturellen staatlichen Mindestbedarf zu zählen," schreibt Ewringmann[51] und erweitert damit das Feld über die Hallersche Abgrenzung hinaus. Wenn die Abgrenzung für die Definition öffentlicher Investitionen nutzbar gemacht werden soll, müßte also auch ein Konsens über die jeweils zur Mindestausstattung gehörenden Güter getroffen werden. Dieser müßte von Zeit zu Zeit erneuert werden, denn mit zunehmendem Wohlstand/Wachstum steigen auch die Ansprüche der Bevölkerung an die vom Staat zu erbringenden Leistungen.

Aber selbst dann erscheint es noch fraglich, ob die Ausgaben für die sogenannte Mindestausstattung stets unabhängig von privaten Aktivitäten, also weder „konsumkomplementär" noch „investitionskomplementär" sind. Die Verbreitung des Automobils zum Beispiel hat zur Einrichtung einer Verkehrspolizei, zur Schaffung neuer Verwaltungszweige und zur Einführung von Straßenverkehrsordnungen und ähnlichem geführt, alles Bereiche, die nach der Hallerschen Abgrenzung zur Grundausstattung (Verwaltung, Polizei, Rechtsprechung) gehören. Die privaten Aktivitäten änderten zwar nichts an der Existenz von Polizei, Verwaltung und Rechtsprechung, wohl aber an deren Umfang und Kosten.

Wenn diesen Überlegungen gefolgt wird, kann das Konzept staatlicher Grundaufgaben keine ausreichende Grundlage für eine wachstumsorientierte Definition öffentlicher Investitionen abgeben, da es nicht möglich erscheint, wachstumsunabhängige und wachstumsabhängige Ausgaben operational voneinander zu trennen.

---

[51] Ewringmann, Dieter, S. 29.

5.2.4 Öffentliche Aufgabenbereiche und Investitionsbegriff

Vor allem von Bildungspolitikern wird häufig die Auffassung vertreten, die öffentlichen Ausgaben für das Bildungswesen seien in ihrer *Gesamtheit* als Investitionen zu bezeichnen, denn das Bildungspotential einer Volkswirtschaft sei ein entscheidender Wachstumsfaktor[52].

Auch bei einem Teil der in den vorangegangenen Abschnitten behandelten Abgrenzungsversuche beziehen sich die Autoren in ihren Schlußfolgerungen auf ganze Funktionsbereiche oder Aufgabenbereiche des Staates. So nennt Harms ausdrücklich sämtliche Ausgaben für Erziehung, Bildung und Forschung sowie für Gesundheit investiv[53]. Auch Haller grenzt jeweils ganze Aufgabenbereiche ab, wenn er wachstumsunabhängige und wachstumsabhängige Ausgaben unterscheidet.

Verallgemeinert und auf ihre wesentlichen Punkte reduziert, lautet die Argumentation: Nicht die einzelnen öffentlichen Ausgaben sind von wachstumsfördernder Wirkung, sondern das *Ergebnis* staatlicher Tätigkeit in einem bestimmten Funktionsbereich bringt diese Wirkung hervor.

Es handelt sich hier um die öffentlichen Leistungen, die als Vorprodukte in die private Produktion eingehen und die wir als „außengerichtete" öffentliche Investitionen bezeichnet haben, um sie von den Investitionen in den öffentlichen Produktionsprozeß zu unterscheiden[54].

Der Investitionsbegriff, der zum Beispiel von den Bildungspolitikern gebraucht wird, wenn sie *alle* Bildungsausgaben als Investition bezeichnen, ähnelt dem „weiten" Investitionsbegriff der modernen Betriebswirtschaftslehre. Er verzichtet wie dieser auf den Periodenbezug und faßt Ausgaben unterschiedlichster Art zusammen, die lediglich die gleiche Ziel-

---

[52] Vgl. Deutscher Beamtenbund (Hrsg.), Die volkswirtschaftliche Bedeutung der öffentlichen Investitionen — Umfang und Bedarf, Bad Godesberg 1964, S. 31 f.

[53] Vgl. Harms, Uwe, S. 53.

[54] Bei den „außengerichteten" Investitionen handelt es sich um Produkte (output) des „Unternehmens" Staat. Im folgenden wird synonym von dem aufgabenbezogenen oder auf Funktionsbereiche bezogenen Investitionsbegriff gesprochen. Vgl. S. 69 ff.

setzung verbindet. Während jedoch die Betriebswirtschaftslehre konsequent praktisch *allen* Ausgaben des Unternehmens Investitionscharakter zuspricht, stellen die Vertreter des aufgabenbezogenen, das heißt auf Funktionsbereiche bezogenen, Investitionsbegriffs einzelne Tätigkeitsbereiche des Staates als investiv heraus. Es gibt ihrer Auffassung nach öffentliche Aufgaben, für die sämtliche Ausgaben — auch die laufenden — als investiv anzusehen sind, und andere Aufgabenbereiche, für die die haushaltsrechtlichen Abgrenzungen anzuwenden seien.

An zwei Funktionsbereichen soll diese Auffassung im folgenden überprüft werden, um eventuelle Schwierigkeiten und ungeklärte Fragen offenzulegen.

— Bildungsausgaben als „wachstumswirksame" Ausgaben

Die Unterstellung und Untersuchung eines Zusammenhangs zwischen Bildungsausgaben und Wirtschaftswachstum geht weit zurück[55]; nach dem zweiten Weltkrieg lebten sie in der Folge des Schocks über den Start des sowjetischen Sputniks zunächst in den USA wieder auf[56]. Kenntnisse und Fähigkeiten eines Menschen wurden als „Kapital" und „Vermögen" (siehe die Begriffe Humanvermögen und Humankapital) erkannt, nicht nur für den einzelnen, sondern für die gesamte Volkswirtschaft[57]. So läßt sich die Frage nach dem Investi-

---

55 Vgl. Hüfner, Klaus, Die Entwicklung des Humankapitalkonzepts, in: ders. (Hrsg.), Bildungsinvestition und Wirtschaftswachstum, Stuttgart 1970, S. 11—63.

56 Vgl. das Statement von Domar in: Federal Expenditure Policy for Economic Growth and Stability, Hearings before the Subcommittee on Fiscal Policy of the Joint Economic Committee, Congress of the U. S., 85. Congress, First Session Nov 18—27, 1957, Washington, 1958, S. 171.

57 „Wurden vorher in volkswirtschaftlichen Gesamtrechnungen alle Arten der Aus- und Weiterbildung menschlicher Ressourcen als Konsumgut und die damit verbundenen Ausgaben als Konsum betrachtet, so wiesen *Schultz* und *Becker* in theoretischen und empirischen Arbeiten den Investitionscharakter solcher Tätigkeiten nach und setzten damit nicht nur den Grundstein für die neoklassische Bildungsökonomik, sondern ermöglichten damit gleichzeitig die Aufbereitung bisher strittiger volkswirtschaftlicher Fragestellungen, wie etwa ... die Frage des Determinantencharakters wirtschaftlichen Wachstums oder die Motive der betrieblichen Ausbildungstätigkeiten ..." Weiermair, Klaus, S. 256.

tionscharakter von Bildungsausgaben auch in zwei Komponenten aufspalten, nämlich

— in die Frage, ob Bildungsausgaben aus der Sicht des *einzelnen* eine Investition darstellen, und

— in die Frage, ob öffentliche Bildungsausgaben aus der Sicht einer *Volkswirtschaft* eine Investition darstellen.

Für die Definition der öffentlichen Investitionen im wachstumspolitischen Sinn kommt es auf die Beantwortung der zweiten Frage an.

Wenn man die Existenz von Zwang ausschließt, ist der einzelne in der Regel nur bereit, auf eine alternative Nutzung seiner Ressourcen (Geld, Zeit etc.) zu verzichten, weil er sich von ihrem Einsatz für seine Aus- und Weiterbildung einen höheren Ertrag in der Zukunft verspricht. Er stellt ein Investitionskalkül auf, auf dessen Kostenseite die materiellen und immateriellen Aufwendungen und der Entgang an sonst möglichem Verdienst und/oder Freizeit während der Ausbildungsdauer stehen, und auf dessen Nutzenseite er das zukünftig erwartete höhere Lebenseinkommen und immaterielle Erträge wie Zufriedenheit, Prestige usw. verbucht. Die Schätzung der zukünftigen Erträge folgt seinen subjektiven Vorstellungen und seinem ganz persönlichen Prioritätsraster. Aus der Sicht des einzelnen sind Bildungsausgaben in der Regel als Investition anzusehen, die materiellen und/oder immateriellen Ertrag erbringt.

Schultz[58] hat versucht, quasi ein aggregiertes Modell solcher Einzelüberlegungen aufzustellen, um den Investitionscharakter von Bildungsausgaben aus *volkswirtschaftlicher* Sicht nachzuweisen. Es geht ihm primär um die gesamtwirtschaftlichen Wachstumseffekte.

Unter diesem eingeschränkten Blickwinkel[59] erscheint manches, was der einzelne als ertragbringende, investive Bil-

---

[58] Vgl. Schultz, Theodore W., Investment in Human Capital, in: American Economic Review, Bd. 51, 1961, S. 8 ff.

[59] Eingeengt deshalb, weil die Produktivitäts- und Wachstumswirkungen nicht unbedingt das vorrangige, zumindest aber nicht das einzige Ziel der Bildungspolitik sind. „Die Erwartung von Produktivitätseffekten ist in den meisten Fällen ... nicht das Primäre; im Vordergrund steht ein Bündel

dungsausgabe ansieht, als konsumtiv. Das gilt zum Beispiel für alle Bildungsausgaben, die ausschließlich immaterielle Erträge erbringen. So werden immaterielle Erträge in der Schultzschen Rechnung nicht erfaßt.

Nun ist jedoch die Trennung von konsumtiven (gleich nicht wachstumswirksamen) und investiven Komponenten der Bildung äußerst schwierig. Die Kenntnis von Fremdsprachen kann — aus volkswirtschaftlicher Sicht konsumtiv — dem einzelnen die Befriedigung verschaffen, literarische Werke jeweils in der Originalsprache zu lesen. Sie kann auch indirekte Einkommenseffekte haben, wenn es dem einzelnen dank ihrer gelingt, sich bei Einkäufen an seinem Urlaubsort nicht übers Ohr hauen zu lassen; und sie kann schließlich direkte Einkommenswirkungen haben, wenn er in seinem Beruf wegen dieser Zusatzqualifikation ein höheres Einkommen erzielt. Öffentliche Ausgaben für Sprachunterricht können also sowohl investiv wie konsumtiv sein: Die Schwierigkeit liegt darin, daß es bei der vorliegenden Definitionsaufgabe darum geht, den *Input* a priori als Investition oder Konsum zu klassifizieren. Dazu müßte der Output nach beiden Wirkungen getrennt erfaßt und dann anteilig dem Input zugerechnet werden.

Hoffmann ist der Meinung, daß der Anteil ausschließlich konsumtiver Bildungsteile recht gering ist. Meist spielten in

---

sozialpolitischer Ziele, insbesondere die gerechte Einkommensverteilung, die ‚Deckung der gesamten Kosten des Menschen' und die Schaffung gleicher Startbedingungen. Was darunter im einzelnen zu verstehen ist, wird praktisch in sozialen Machtkämpfen entschieden, ergibt sich also aus einer spezifischen Konstellation wirtschaftlicher und politischer Macht." Hedtkamp, Günther, S. 92. Vgl. auch Abraham, Karl, Die Berufsbildung als Mittel zur Gestaltung der personellen Infrastruktur, in: Jochimsen, R. / Simonis, U. (Hrsg.), Theorie der Infrastrukturpolitik, Schriften des Vereins für Sozialpolitik, NF 54, Berlin 1970, S. 659.

Die Kontroverse zwischen der Auffassung von Bildung als Selbstzweck und Bildung als Wachstumsfaktor wird in der bildungspolitischen Diskussion unter den Stichworten „nachfrageorientierter Ansatz (social demand approach)" und „bedarfs- oder marktorientierter Ansatz (manpower approach)" ausgetragen. Vgl. Schulz, Helmut, Neuorientierung der Bildungspolitik, in: Beiträge zur Gesellschafts- und Bildungspolitik des Instituts der deutschen Wirtschaft, 2/1976, S. 19 ff., und Weiblen, Martin, Staatliche Ausbildungsplatzpolitik, Forschungsinstitut für Wirtschaftspolitik, Manuskript, Mainz 1979.

der Wahl der Bildungsfächer und -gebiete wirtschaftliche Gründe mit. Durch die häufig anzutreffende Beschränkung des Studiums auf „examensrelevante" Fächer und das relativ geringe Interesse der Studenten am studium generale sieht er seine Auffassung bestätigt[60]. Nun hängt die Häufigkeit des Auftretens dieser „Indizien", wie Hoffmann sie nennt, wesentlich von den Knappheitsverhältnissen auf dem Arbeitsmarkt ab. Wer befürchten muß, nach Abschluß des Studiums auf große Konkurrenz zu stoßen und nur mit sehr guten Abschlußnoten einen Arbeitsplatz zu bekommen, der wird sich auf die für seine Noten wichtigen Fächer konzentrieren und weder Zeit noch Energie auf andere Fächer „verschwenden". Für sich allein genommen ist dies noch kein Beweis für das Fehlen von „Bildungskonsum".

Der „konsumtive" Bildungsteil ist gedanklich zu trennen von den „Fehlinvestitionen", das heißt von Bildungsteilen, die sich nachträglich als beruflich nicht verwertbar erweisen oder die wegen des Nichteintretens in das Berufsleben nicht verwertet werden. Dies gilt wohlgemerkt nur aus gesamtwirtschaftlicher Sicht, bezogen auf die Wachstumswirkung. Für den einzelnen wird auch eine nicht verwendete Berufsausbildung nicht als Fehlinvestition erscheinen, wenn sie ihm immaterielle Erträge erbringt.

Ein Hauptkritikpunkt an den Schultzschen Berechnungen richtet sich gegen die Verwendung des Einkommens als Indikator für den Erfolg der „Bildungsinvestition". Shaffer hält Schultz in seiner Gegenrede zu dessen Aufsatz entgegen[61], es gebe erstens keine spezifische Zurechenbarkeit von Einkommen auf *bestimmte* (Teil-)Fähigkeiten — also auch nicht zum Beispiel auf die erlernten und auf die „angeborenen" —, und zweitens lasse sich aus der Korrelation Schulbildung — Einkommen nicht auf eine Ursache — Wirkung — Beziehung schließen. Andere Faktoren wie Wohngebiet, Verbin-

[60] Vgl. Hoffmann, Walther G., Erziehungs- und Forschungsausgaben im wirtschaftlichen Wachstumsprozeß, in: Eine Freundesgabe der Wissenschaft für E. H. Vits, hrsg. von Gerhard Hess, Frankfurt, 1963, S. 109 f.

[61] Vgl. Shaffer, Harry G., Comment, in: American Economic Review, Bd. 51, 1961, S. 1026 ff.

dungen, kulturelles Niveau der Eltern, Gesundheit und Knappheitsverhältnisse auf dem Arbeitsmarkt wirkten sich neben der Ausbildung auf die Einkommenshöhe aus und verböten direkte Rückschlüsse. Schultz gibt auch diese Schwierigkeiten zu, hält aber die Messung mit Hilfe von Lohn- und Gehaltsveränderungen für die geeignetste, da sie die Trennung konsumtiver und investiver Bildungsteile beinhalte[62].

Sieht man von allen anderen Kritikpunkten am Einkommen als Kriterium für den Investitionscharakter von Bildungsausgaben einmal ab, so macht dieses Kriterium deutlich, wie fließend die Übergänge zwischen Bildungskonsum und Bildungsinvestition sein können. Wer zur eigenen Freude und zum Hausgebrauch am Konservatorium das Klavierspiel erlernt, kann Jahre später dazu gezwungen sein, seinen Lebensunterhalt durch Klavierunterricht zu verdienen. Die Bildungsausgabe erweist sich nachträglich als volkswirtschaftliche Investition, da sich ein Ertrag in Form von Einkommensströmen messen läßt. So bildet jeder Bildungskonsum — immer aus gesamtwirtschaftlicher Sicht gesehen — ein Potential, eine Reserve an Wissen und Fähigkeiten, die im Bedarfsfall aktivierbar ist, vorausgesetzt, daß der Wissensstand nicht zu sehr veraltet, sondern immer wieder aufgefrischt wird.

Auch spätere Versuche, die makroökonomischen Wachstumseffekte von Bildungsausgaben in den Produktionsfaktor Arbeit quantitativ zu erfassen, bieten keine überzeugenden Lösungen[63]. Die Meßverfahren berücksichtigen Alternativkosten in Form von entgangenem Einkommen und Ausfall von Output, sie arbeiten zum Teil mit Indikatoren, die die Effizienz der Bildungsausgaben umschreiben sollen (zum Beispiel Zahl der Schüler eines Jahrgangs, die einen bestimmten Schulabschluß erreichen, im Verhältnis zur Gesamtbesetzung

---

62 Vgl. Schultz, Theodore W., S. 8.

63 Zur Frage der Meßbarkeit und zu den Meßmethoden vgl. u. a. Eckaus, Richard S., Die Bedeutung der Bildung für das Wirtschaftswachstum, in: Hüfner, Klaus (Hrsg.), Bildungsinvestitionen und Wirtschaftswachstum, S. 80 ff.; Woll, Artur, S. 280 ff.; Siebert, Horst, Zur Frage der Distributionswirkungen öffentlicher Infrastrukturinvestitionen, in: Jochimsen, R. / Simonis, U. (Hrsg.), Theorie der Infrastrukturpolitik, S. 61 ff. und die ebenda, S. 71, Fußnote 62 angegebene Literatur.

eines Jahrgangs). Der Erfolg, das heißt der Wachstumseffekt, wird in der Regel wie bei den Schultzschen Berechnungen an Einkommensänderungen gemessen und unterliegt somit der gleichen Kritik wie diese. Weiter wird kritisiert, daß die nicht-schulische Aus- und Weiterbildung vernachlässigt, beziehungsweise der gesamte gemessene Erfolg der schulischen Ausbildung (oder den öffentlichen Bildungsausgaben) zugeschrieben wird. Die Trennung von — unter Wachstumsgesichtspunkten — konsumtiven und investiven Bildungselementen ist auch in diesen Berechnungen nicht gelöst (und unseres Erachtens auch nicht lösbar). In einigen Modellen wird ein über den Daumen gepeilter Ausgabenprozentsatz mit konsumtiver Wirkung abgezogen, in anderen wird — wie bei Schultz — argumentiert, die Erfolgsmessung mit Hilfe des Einkommens schließe die konsumtiven Bildungsteile automatisch aus.

Angesichts der Uneinigkeit über die Meßmethoden verwundert es nicht, daß es auch Untersuchungen gibt, die bei der Gegenüberstellung ihrer Indikatoren und der Wachstumsrate des Sozialprodukts oder der Veränderung des Kapitalkoeffizienten *keinen* signifikanten Zusammenhang zwischen Bildungsausgaben und Wachstum feststellen können. „Wenn man hieraus überhaupt einen Zusammenhang ableiten kann, könnte man vermuten, daß hohe Bildungsausgaben zwar die Kapitalproduktivität geringfügig positiv beeinflussen, die Wirkung auf die Wachstumsrate des Sozialprodukts jedoch schwach negativ ist, da die durch hohe Bildungsausgaben bedingte Verminderung der Investitionen in Sachkapital die Erhöhung der Kapitalproduktivität überkompensiert[64].“

Dagegen steht die Behauptung, die öffentlichen Bildungsausgaben hätten einen Kapazitätseffekt[65], und sie förderten die Mobilität der Arbeitnehmer und trügen damit zur Ver-

---

[64] Dürr, Ernst, Bildungs- und Forschungspolitik als Mittel der Wachstumspolitik, in: ders. (Hrsg.), Beiträge zur Wirtschafts- und Gesellschaftspolitik, S. 291.

[65] „Der Kapazitätseffekt besteht darin, daß sie die Ausbildung der Menschen verbessern und dadurch die Produktionskapazität der Volkswirtschaft ausdehnen.“ Hoffmann, Walther, S. 114.

besserung der Produktionsbedingungen bei. Insofern hätten sie unter Wachstumsgesichtspunkten Investitionscharakter.

Während also aus der Sicht des einzelnen Bildungsausgaben in aller Regel als Investitionen bezeichnet werden, ist die Frage nach dem Investitionscharakter der *gesamten* öffentlichen Bildungsausgaben aus makroökonomischer Sicht nicht so leicht zu beantworten. Es gibt plausible Argumente dagegen, vor allem die Unmöglichkeit, konsumtive und investive Bildungskomponenten zu trennen[66]. Es gibt plausible Argumente dafür — so könnte man zum Beispiel die konsumtiven Bildungskomponenten als „Streuverlust" vernachlässigen, der bei allen Bildungsausgaben zu einem gewissen Prozentsatz aufträte. Rechnerische Beweise für oder gegen die Wachstumswirkungen gibt es nicht.

— Investitionsförderung als wachstumswirksame Ausgaben

Der Subventionsbericht der Bundesregierung gibt drei Zielsetzungen für Finanzhilfen, das heißt Geldleistungen des Bundes an Stellen außerhalb der Bundesverwaltung, an:

„1. Produktionen und Leistungen in Betrieben oder Wirtschaftszweigen zu erhalten oder an neue Bedingungen anzupassen;

2. den Produktivitätsfortschritt und das Wachstum von Betrieben oder Wirtschaftszweigen zu fördern;

3. in wichtigen Bereichen des volkswirtschaftlichen Marktprozesses für private Haushalte bestimmte Güter und Leistungen zu verbilligen und die Spartätigkeit anzuregen[67]."

Nach dem Gliederungsschema des Haushaltsrechts fallen die Zuwendungen innerhalb der ersten Gruppe teils unter die Einkommenshilfen, wie sie in HGr 6 verbucht sind, teils unter die Investitionsförderungsmaßnahmen; die Zuwendungen in der zweiten Gruppe gehören zu den Investitionsförde-

[66] Eckaus begründet sie damit, daß der einzelne auch am Arbeitsplatz immer zugleich Bürger, Familienmitglied, Konsument usw. sei und sich seine Fähigkeiten auf alle Bereiche auswirkten. Vgl. Eckaus, Richard, S. 73. Vgl. dazu auch Bombach, Gottfried, S. 40 f.

[67] 6. Subventionsbericht, TZ 4, S. 5.

rungsmaßnahmen und die der dritten Gruppe zu den Einkommögensübertragungen in HGr 6. Nur ein kleiner Teil der Subventionen erscheint also nach der haushaltsrechtlichen Gliederung als „öffentliche Investition". Allerdings erschweren „... die Veranschlagung der Mittel an verschiedenen Stellen des Haushaltsplanes, die uneinheitliche Praxis der Auftragsvergabe und die fehlende Ausweisung von Mindereinnahmen infolge der Abgabepräferenzen"[68] einen Überblick und den Vergleich von Subventionsbericht und Haushaltsplan.

Unter dem Gesichtspunkt der Wachstumswirkung — und unabhängig von den Gliederungsprinzipien des Haushaltsplanes — sind vor allem die Ausgaben der zweiten Gruppe von Interesse, die Sparförderung, die in der dritten Gruppe aufgeführt ist[69], und die Ausgaben unter Punkt 1, soweit sie der Anpassung an neue Bedingungen dienen. Die Klassifizierung der Finanzhilfen nach dem hier im Vordergrund stehenden Kriterium der Wachstumswirkung zum einen beziehungsweise der Investitionsförderung zum anderen erfaßt also nicht alle Subventionen und ist nicht identisch mit der haushaltsrechtlichen Abgrenzung der Investitionsförderung. Denn im Gegensatz zu dieser stehen hier alle Investitionsförderungsmaßnahmen zur Diskussion: direkte Zuschüsse und indirekte steuerliche Investitionshilfen; Bürgschaften und Garantien, die Andel als „Eventualsubventionen" bezeichnet, weil sie nur im Falle ihrer Inanspruchnahme zur Subventionszahlung führen[70]; Schuldendiensthilfen, die in Zusammenhang mit Investitionen Privater stehen[71], und Darlehen.

Der Anreiz zu privaten Investitionen — und damit die Wachstumswirkung — besteht darin, daß dem privaten In-

---

68 Kuhn, Arno, Staatliche Finanzhilfen an die gewerbliche Wirtschaft — Eine rechtssystematische Untersuchung, Dissertation, Mainz 1972, S. 1.

69 Vgl. S. 32.

70 Vgl. Andel, Norbert, Subventionen als Instrument des finanzwirtschaftlichen Interventionismus, Tübingen 1970, S. 6.

71 Üblich ist eine „Mischförderung", bei der ein Teil der Objektfinanzierung als zinsverbilligtes Darlehen gewährt wird, der andere Teil in Form von Zinszuschüssen, verteilt über mehrere Jahre. Vgl. Krajewski, Günther, Schuldendiensthilfen als Finanzierungsinstrument im öffentlichen Haushalt, Meisenheim am Glan, 1975, S. 25 und Fußnote 5 ebenda.

vestor von staatlicher Seite günstigere Bedingungen angeboten werden, als er sie auf dem Markt erhielte. Folgerichtig gilt als „Investitionsförderung" nur der Betrag, um den das staatliche Angebot von den Marktbedingungen abweicht. So zieht der Subventionsbericht die Darlehen von der Gesamtsumme der ausgewiesenen Subventionen wieder ab und setzt dafür die jeweils mit ihnen verbundenen Zinsbegünstigungen ein, wie es Tabelle 5 zeigt. Allerdings unterscheiden sich die Ergebnisse „mit" und „ohne Darlehen" nicht sehr, weil „der Umfang der jährlichen Darlehensgewährung größenordnungsmäßig dem Umfang der Zinsbegünstigungen in etwa entspricht"[72].

Für unsere Aufgabenstellung ist nun zu prüfen, ob die Investitionsförderung als „wachstumswirksamer" Aufgabenbereich anzusehen ist.

Zum einen hängt die Wachstumswirkung der Investitionsförderungsmaßnahmen davon ab, „wie hoch der Prozentsatz der wirklich zusätzlich induzierten Investitionen im Vergleich zur reinen Subvention privater durch staatliche Mittel ist"[73]. Werden zum Beispiel Unternehmen begünstigt, die von privaten Kreditgebern nicht als ausreichend kreditwürdig betrachtet wurden, oder reicht die staatliche Hilfe aus, ein Investitionsvorhaben in die Rentabilitätszone zu heben, dann erhöht sich die private Investitionstätigkeit. Vor allem bei konjunkturell begründeten Investitionshilfen ist jedoch häufig der Effekt zu beobachten, daß sowieso geplante und/oder notwendige Investitionen zeitlich so eingeteilt werden, daß sie von den Konjunkturprogrammen profitieren. Es werden dann also keine *zusätzlichen* Investitionen initiiert, sondern es tritt lediglich ein „Mitnahmeeffekt" auf[74]. In diesem Fall

---

72 6. Subventionsbericht TZ 15, S. 11.

Als Zinsverbilligung wird die Differenz zwischen dem effektiven Darlehenszins zum Zeitpunkt der Darlehensgewährung und dem langfristigen Kapitalmarktzins angegeben.

73 Andel, Norbert, S. 116.

74 Vgl. o. V., „Investitionszulage verpufft", in: Blick durch die Wirtschaft, vom 4. 4. 1977. Die IHK Dortmund stellte fest, nach ihren Erhebungen gehe der Zuwachs an privaten Investitionen zu einem großen Teil auf solche zurück, die schon geplant waren; es seien kaum zusätzliche Investitionen angeregt worden.

Tabelle 5

Entwicklung der Finanzhilfen des Bundes in den Jahren 1975 bis 1978 in der nach § 12 StWG vorgeschriebenen Gliederung

Bezeichnung		Finanzhilfen in Mio DM 1975 Ist	1976 Ist	1977 Soll	1978 Reg. Entw.
I. Finanzhilfen zur Erhaltung von Betrieben und Wirtschaftszweigen		1 824,1	1 708,2	2 034,3	2 356,8
	Z	1 682,3	1 552,0	1 935,5	2 248,9
	S	141,8	156,2	86,9	107,9
	D	—	—	—	—
II. Finanzhilfen zur Anpassung von Betrieben und Wirtschaftszweigen an neue Bedingungen		2 102,4	2 121,9	2 137,4	2 569,0
	Z	1 583,1	1 621,2	1 642,9	2 099,6
	S	378,7	353,3	357,4	332,3
	D	140,6	147,4	137,1	137,1
III. Finanzhilfen zur Förderung der Produktivität und des Wachstums von Betrieben und Wirtschaftszweigen		962,3	812,1	915,2	938,8
	Z	635,1	622,6	603,1	666,7
	S	1,5	21,7	59,8	72,1
	D	325,7	167,8	252,3	200,0

Fortsetzung von Tabelle 5

		(1975)	(1976)	(1977)	(1978)
IV. Sonstige Finanzhilfen, insbesondere Zahlungen an private Haushalte		6 643,0	7 570,2	8 770,1	6 722,9
	Z	5 174,0	6 121,9	7 561,8	5 408,3
	S	289,5	328,3	378,6	529,6
	D	1 179,5	1 120,0	829,7	785,0
V. Summe der Finanzhilfen I. bis IV. einschließl. der Beträge für Darlehensgewährungen (= haushaltsmäßige Belastung)		11 531,8	12 212,4	13 857,0	12 587,5
	Z	9 074,5	9 917,7	11 743,3	10 423,5
	S	811,5	859,5	882,7	1 041,9
	D	1 645,8	1 435,3	1 231,0	1 122,1
abzüglich: Summe der darin enthaltenen Beträge für Darlehensgewährungen		1 645,8	1 435,2	1 231,0	1 122,1
zuzüglich: Zinsbegünstigungen, die mit dem jeweils vorhandenen Darlehensbestand verbunden sind (geschätzt).		1 217	1 246	1 271	1 294
VI. Summe der Finanzhilfen bei ökonomischer Betrachtung		11 103,0	12 023,2	13 897,0	12 759,4

Z = Zuschüsse, Erstattungen, Zuweisungen
S = Schuldendiensthilfen
D = Darlehen

Quelle: Sechster Subventionsbericht, Übersicht 1, S. 9.

fehlt die Wachstumswirkung beziehungsweise ist der Wachstumseffekt der Investition nicht der Förderung zuzurechnen.

Zum anderen sind Subventionen — in der Regel selektive — Eingriffe in die Marktbedingungen. Langfristig gesehen besteht die Gefahr, daß durch Subventionen „Preisflexibilität, Faktormobilität und soziale Mobilität abnehmen und daß dadurch der Wirkungsgrad des marktwirtschaftlichen Steuerungsmechanismus vermindert wird"[75]. Schmidt zitiert als Beispiel aus dem Geschäftsbericht der Deutschen Bundesbank von 1964: „Rund ein Drittel des gesamten Jahresbedarfs der deutschen Wirtschaft (einschließlich des Wohnungsbaus) an Fremdkapital ... (wurde) zu ‚marktwidrig' niedrigen Zinsen bereitgestellt. Die Funktion des Marktzinses und die Wirkung der Zinspolitik sind dadurch beträchtlich eingeengt, mit der Folge, daß das Gleichgewicht auf den hiervon in erster Linie betroffenen Märkten nur schwer, wenn überhaupt, hergestellt werden kann[76]." Es ist durchaus fraglich, ob solche Verzerrungen nicht eher wachstumshemmend als -fördernd wirken.

Ein zugleich altes und aktuelles Beispiel bietet auch der Schiffbau; die staatliche Investitionsförderung trug zur Errichtung von Überkapazitäten bei den Werften bei und verhinderte anschließend deren Abbau. So billigt auch Weber Subventionen dann keinen Wachstumseffekt zu, wenn sie Produktionen stabilisieren, die an sich nicht mehr wettbewerbsfähig sind, oder die Kapitalbildung in überbesetzten Bereichen fördern[77].

Nicht eindeutig in ihrer Wirkung sind auch die sogenannten Anpassungssubventionen. Sie sollen in der Regel die Anpassung schrumpfender oder in Schwierigkeiten geratener Wirtschaftszweige an geänderte Nachfragebedingungen ermöglichen. Anpassungssubventionen sind „wachstumswirksam", weil sie den Strukturwandel erleichtern und dazu beitragen, daß die sonst in der unproduktiven Beschäftigung gehaltenen

[75] Schmidt, Kurt, Zur ordnungspolitischen Problematik wachsender Staatsausgaben, S. 135.

[76] Fußnote 27, ebenda.

[77] Vgl. Weber, Wilhelm, S. 270 f.

Arbeitskräfte schneller freigesetzt und in produktivere Verwendungen überführt werden. Das ist die Theorie. In der Praxis nehmen die Anpassungssubventionen oft den Betroffenen die Motivation zur Anpassung, weil sie den Druck sinkender Einkommen aufheben. Die notwendige Anpassung unterbleibt. Die Subventionen tragen dann zur Verkrustung der Wirtschaftsstruktur bei und wirken eher wachstumshemmend.

Öffentliche Subventionen — auch wenn sie gezielt auf Investitionsförderung ausgerichtet sind — sind also nicht „per se" wachstumswirksam und als „öffentliche Investitionen im wachstumspolitischen Sinn" zu bezeichnen. Die Schwierigkeit ihrer Beurteilung liegt vor allem darin, daß eine Erfolgskontrolle fast völlig fehlt, die die Erfassung aller Wirkungen und damit auch die Vermeidung unerwünschter Wirkungen ermöglichte. Zwar werden nach offiziellen Angaben Nutzen-Kosten-Analysen und Kosten-Wirksamkeits-Analysen in zunehmendem Maße in den Bereichen Agrarpolitik, Forschung, Verkehr, Regional- und Strukturpolitik angewandt[78]. Ein Nachweis der Wirkungen wird allerdings nach wie vor schon dadurch erschwert, daß jede Erfolgskontrolle genaue Zielvorgaben voraussetzt, diese aber bei den Subventionen häufig fehlen.

Schlußfolgerungen

In ähnlicher Weise wie es hier beispielhaft für die öffentlichen Bildungsausgaben und für die Ausgaben zur Förderung privater Investitionen geschehen ist, könnten nun auch alle anderen Funktionsbereiche — Gesundheitswesen, Verkehr,

---

[78] Vgl. 6. Subventionsbericht, TZ 46, S. 32.

Zur Nutzen-Kosten-Analyse im öffentlichen Sektor vgl. Richthofen, Frhr. von, Karl-Friedrich, Zur Theorie der staatlichen Investitionsplanung, Dissertation, Kiel 1970, und Diederich, Helmut, Zur Planung öffentlicher Investitionen, in: Albach, Horst / Simon, Hermann (Hrsg.), Investitionstheorie und Investitionspolitik privater und öffentlicher Unternehmen, Wiesbaden 1975, S. 39—63. Reuter weist darauf hin, daß ein Hauptvorteil der CBA darin liege, daß sie die Entscheidungsträger zwinge, Ziele anzugeben und offenzulegen, Wertvorstellungen zu formulieren und alle Effekte, auch Sekundärwirkungen, zu berücksichtigen. Vgl. Reuter, Joachim, Forschungspolitik und Forschungsplanung, Berlin 1970, S. 116 f.

Forschungsförderung, Verteidigung, Verwaltung etc. — untersucht werden.

Das Ergebnis ist offensichtlich:

— Es gibt keinen Aufgabenbereich, der nicht auch konsumtive Elemente enthielte. Selbst der Bau von Verkehrswegen, der stets als (Infrastruktur-)Investition gilt, hat nicht nur wachstumsfördernde Wirkungen durch bessere Transportmöglichkeiten und schnellere Verbindungen, sondern die neuen Straßen werden auch für — aus volkswirtschaftlicher Sicht konsumtiven — Ausflugsverkehr genutzt.

— Für alle Funktionsbereiche lassen sich auch Wachstumswirkungen annehmen. Bei manchen staatlichen Ausgaben gehört der Wachstumseffekt zur ausdrücklichen Zielsetzung, bei anderen Aufgabenbereichen ist er eher weniger ausgeprägte Nebenwirkung, aber vorhanden (das heißt plausibel erklärbar, denn unter ceteris paribus — Bedingungen meßbar ist er nicht). Selbst den Ausgaben, die als klassisches Beispiel des Staatsverbrauchs gelten, den Verwaltungsausgaben, kann eine wachstumsfördernde Wirkung zuerkannt werden: eine funktionierende Verwaltung sorgt für einen reibungsloseren Ablauf des Wirtschaftslebens und schafft erst die Rahmenbedingungen und Voraussetzungen für das angestrebte („qualitative") Wachstum[79].

Das bedeutet, daß im Extremfall 100 % des gesamten Haushalts als investiv angesehen werden könnte. Damit entspräche die Abgrenzung dem „weiten" Investitionsbegriff der Betriebswirtschaftslehre. Schon bei der Diskussion dieses Begriffs wurde aber deutlich, daß eine Definition, die nichts ausschließt, keine Unterscheidung mehr zuläßt, sich selbst ad absurdum führt.

Nun könnte man argumentieren, nur die Aufgabenbereiche, die „größere" Wachstumswirkungen aufweisen, sollten den „öffentlichen Investitionen im wachstumspolitischen Sinn"

[79] Hier tritt das gleiche Dilemma auf, das bereits bei der Betrachtung des Nutzenkriteriums deutlich wurde; vgl. S. 115 f.

zugerechnet werden. Es würde also quasi eine Staffelung vorgenommen, an deren Spitze die „sehr wachstumswirksamen" und an deren Ende die „weniger wachstumswirksamen" Aufgabenbereiche stünden. Für die Grenzziehung, die dem Investitionsbegriff dann zugrundeliegen müßte, fehlte jedoch der objektive, nachvollziehbare Maßstab.

Für eine haushaltsrechtliche Gliederung, die Nachvollziehbarkeit und Klarheit der Definition verlangt, ist die Abgrenzung der „außengerichteten öffentlichen Investitionen" nach dem Kriterium der Wachstumswirksamkeit also nicht geeignet. Dagegen ließen sich anhand der politischen Ziele Prioritäten für die Wirtschafts- und Finanzpolitik setzen und die Grenzziehung zwischen den „investiven" und den anderen Ausgabenbereichen nach diesen Prioritäten vornehmen[80]. Die Abgrenzung könnte dann durchaus zum Beispiel mit der Veränderung bestimmter Sozialer Indikatoren im Zusammenhang mit diesem Aufgabenbereich begründet werden, deren Bewertung ja auch nur politisch vorgenommen werden kann.

Wenn das Kriterium der Wachstumswirksamkeit als Anhaltspunkt für „investive" öffentliche Ausgaben — bei aller Vorsicht, die ein so schillernder Begriff verlangt — auch für die politische Willensbildung nützlich sein kann, so darf diese Art der Abgrenzung doch nicht mit einer allgemeinen Definition verwechselt werden.

---

[80] Dementsprechend ist anscheinend die Erweiterung der „Investitionsquote" um zusätzliche „wachstumsfördernde Maßnahmen" im zweiten Finanzplan der Bundesregierung vorgenommen worden: der Katalog enthielt zugleich die Schwerpunkte der geplanten staatlichen Aktivitäten. Mit der gleichen Begründung wurden im folgenden Finanzplan dann ganz andere Aufgabenbereiche hervorgehoben; die Schwerpunkte hatten sich geändert. Vgl. Schmidt, Kurt / Wille, Eberhard, S. 62 ff. und S. 52 dieser Arbeit.

6 Schlußbemerkung

Das Ergebnis dieser Überlegungen ist auf den ersten Blick enttäuschend. Weder für die „öffentlichen Investitionen im Vermögenssinne" noch für die „öffentlichen Investitionen im wachstumspolitischen Sinne" konnten klare Definitionen entwickelt werden.

Dennoch zeichnen sich einige Schlußfolgerungen ab, die für weitere Untersuchungen vielleicht von Nutzen sein werden:

1. Es gibt Inkonsistenzen in der haushaltsrechtlichen Abgrenzung der öffentlichen Investitionen, die — zumindest teilweise — beseitigt werden könnten, ohne die Systematik zu zerstören.

2. Kennzeichen einer Investition sind ihr Vermögens- und ihr Wachstumseffekt. Darum wurde versucht, den Investitionsbegriff mit Hilfe dieser beiden Wirkungen zu definieren. Erschwert wird diese Aufgabe dadurch, daß die Wirkungen nicht immer gemeinsam auftreten. Eine Definition der „Investitionen im Vermögenssinne" ist deshalb nicht identisch mit einer Definition der „Investitionen im wachstumspolitischen Sinne".

3. Der Vergleich mit dem privatwirtschaftlichen Investitionsbegriff hat deutlich werden lassen, daß ein Teil der Schwierigkeiten in der Diskussion um die öffentlichen Investitionen daher rührt, daß zwei „Arten" von Investitionen unter einen Begriff gefaßt werden. Da sind einmal die Investitionen des „Unternehmens" Staat in seinen eigenen Produktionsprozeß (die „innengerichteten" Investitionen). Zum anderen werden *Leistungen* des Staates, die als Vorleistungen in den privaten Wirtschaftsprozeß eingehen, als öffentliche Investitionen bezeichnet. Diese „außengerichteten" Investitionen sind allerdings mit der Haushaltssystematik nicht zu erfassen, die den Gruppen des Gruppierungsplanes einzelne Ausgaben und nicht Leistungen zuordnet. Mit Blick auf diesen Bezug zur einzelnen Ausgabe wird argumentiert, jede öffentliche Ausgabe, die zur Herstellung dieser Leistungen nötig ist, sei

den Investitionen zuzurechnen. Aber auch diese Interpretation fügt sich nicht in die Haushaltssystematik ein, weil sie — ähnlich dem „weiten" Investitionsbegriff der Betriebswirtschaftslehre — völlig heterogene, nur durch die gemeinsame Zielsetzung verbundene Ausgaben zusammenfaßt.

4. Der Blick in den einzelwirtschaftlichen Bereich zeigte auch, daß dort keine Einigkeit über den Investitionsbegriff besteht. Die moderne Betriebswirtschaftslehre lehnt den Periodenbezug des „engen" Investitionsbegriffs ab, weil die Periode keine ökonomisch begründete Größe ist, sondern auf Konvention beruht. Dadurch gelangt sie aber zu einem „weiten" Investitionsbegriff, der praktisch alle Ausgaben des Unternehmens als investiv bezeichnet. Damit ist eine Unterscheidung zwischen Investitionsausgaben und Verbrauch aufgehoben.

5. Die Definition der Investitionen im Vermögenssinne scheitert zunächst daran, daß das Vermögen selbst nicht klar definiert ist. Geht man von einer Einigung über den Vermögensbegriff aus, so lassen sich die öffentlichen Investitionen als „Zugang zum öffentlichen Vermögen" relativ einfach abgrenzen. Schwieriger wird die Einbeziehung der „öffentlichen Investitionen als Zugang zum privaten Vermögen", wie zum Beispiel die Investitionsförderungsmaßnahmen bezeichnet werden müßten. Die Untersuchung machte deutlich, daß hierzu diejenigen Vermögensübertragungen gerechnet werden dürften, die vom Empfänger wiederum „investiv" verwendet werden. Zum einen sind diese jedoch in manchen Fällen nicht eindeutig festzustellen (zum Beispiel Verwendung der Sparförderungsmittel). Zum anderen würde der Vermögenseffekt der Investitionen entweder doppelt (beim Staat und beim privaten Empfänger) oder nur beim Staat erfaßt, also nicht dort, wo der Vermögenszuwachs entsteht. Es wurde daher vorgeschlagen, die öffentlichen Ausgaben, die einen Vermögenszuwachs bei Dritten bewirken, zu den Vermögensübertragungen zu rechnen und unter den „öffentlichen Investitionen im Vermögenssinne" nur den Zugang zum

öffentlichen Vermögen zu erfassen. Diese „Investitionen im Vermögenssinne" müßten um die Desinvestitionen (zum Beispiel Umweltschäden, Ressourcenabbau) korrigiert werden.

6. Die Abgrenzung der Investitionen mit Hilfe des Wachstumseffekts erwies sich als besonders schwierig. Zunächst ist der Maßstab für das Wachstum selbst nicht unumstritten; neue Meßmethoden wie zum Beispiel Soziale Indikatoren befinden sich noch im Entwicklungsstadium. Zum zweiten läßt sich der Wachstumseffekt öffentlicher Ausgaben nicht unabhängig von ihrer Finanzierung beurteilen. So mußten für den Untersuchungszweck erst Annahmen über die Finanzierungsseite getroffen werden, womit auch die Ergebnisse relativiert sind.

   Schließlich erbrachte keines der überprüften Kriterien für die Abgrenzung wachstumswirksamer Ausgaben so eindeutige Ergebnisse, daß zwei Betrachter bei Anwendung des gleichen Kriteriums unvermeidlich zu gleichen oder zumindest ähnlichen Schlußfolgerungen für die Einteilung öffentlicher Ausgaben gelangen müßten. Der Anforderung nach Zuverlässigkeit einer Definition genügten sie also nicht. Auch die Frage der Gültigkeit — wird mit Hilfe des Kriteriums das gemessen, was gemessen werden soll? — war nicht immer positiv zu beantworten.

   Der abschließende Versuch, die „außengerichteten Investitionen" (vgl. Punkt 3) als wachstumswirksame Ausgabenbereiche zu erfassen, führte zu keiner allgemein gültigen Definition des Investitionsbegriffs. Die Überlegungen ließen aber den Schluß zu, daß diese Art der Abgrenzung für die politische Willensbildung nützlich sein könnte.

7. Als Grundlage einer Abgrenzung der öffentlichen Investitionen in der Haushaltssystematik eignet sich die „Wachstumswirksamkeit" allein nicht. Die einzelnen untersuchten Kriterien für die Wachstumswirkung ermöglichen wie festgestellt keine ausreichend eindeutige Abgrenzung. Die Betrachtung der „außengerichteten öffentlichen Investitionen" ist, so sinnvoll sie zur Interpretation

der Ausgabeneffekte sein mag, für die Zwecke der Haushaltssystematik unbrauchbar; sie sprengt — ähnlich dem „weiten" Investitionsbegriff der Betriebswirtschaftslehre — das Schema des Gruppierungsplanes, weil sie die Ausgaben ganzer Funktionsbereiche zusammenfaßt.

Die „öffentlichen Investitionen im Vermögenssinne" kämen der bestehenden haushaltsrechtlichen Abgrenzung der öffentlichen Investitionen noch am ehesten entgegen, wenn der Vermögensbegriff auf längerlebiges Sachvermögen beschränkt würde. Diese Einschränkung würde jedoch wichtige Vermögensgüter außer acht lassen und den Aussagegehalt der „öffentlichen Investitionen im Vermögenssinne" mindern. Würde dagegen das gesamte Spektrum möglicher Vermögensgüter berücksichtigt, so wären darin auch Vermögensgüter enthalten, die sich einer Systematisierung im Haushaltsplan entziehen.

Am sinnvollsten erschiene die Beseitigung der Inkonsistenzen in der bestehenden haushaltsrechtlichen Abgrenzung der öffentlichen Investitionen. Unabhängig von der Haushaltssystematik würden eine Abgrenzung der öffentlichen Investitionen nach dem Vermögenseffekt und eine Abgrenzung nach der Wachstumswirkung ergänzende Informationen für die Beurteilung des Haushalts und für die politische Willensbildung liefern — unter dem Vorbehalt, daß in diese Abgrenzungen individuelle Bewertungen eingehen und sie je nach Bewertungsschema des Urteilenden unterschiedlich ausfallen können.

Literaturverzeichnis

ABRAHAM, Karl: Die Berufsausbildung als Mittel zur Gestaltung der personellen Infrastruktur, in: Jochimsen, Reimut/Simonis, Uwe (Hrsg.), Theorie der Infrastrukturpolitik, Schriften des Vereins für Socialpolitik, NF Bd. 54, Berlin 1970, S. 655—663.

ALBERS, Willi: Haushaltsrechtliche Grundlagen und elastische Durchführung einer konjunkturgerechten Finanzpolitik, in: Haller, Heinz (Hrsg.), Probleme der Haushalts- und Finanzplanung, Schriften des Vereins für Socialpolitik, NF Bd. 52, Berlin 1969, S. 77—110.

ANDEL, Norbert: Subventionen als Instrument des finanzwirtschaftlichen Interventionismus, Tübingen 1970.

Antwort der Bundesregierung auf die Kleine Anfrage der Abgeordneten Strauß, Dr. Häfele, Windelen, Haase (Kassel) und der Fraktion der CDU/CSU (Bundestags-Drucksache 8/1117), in: Bundestags-Drucksache 8/1224.

Arbeitskreis Hax der Schmalenbach-Gesellschaft, Investitions- und Finanzierungsentscheidungen im Rahmen langfristiger Unternehmenspolitik, in: Zeitschrift für betriebswirtschaftliche Forschung 12/1970, S. 741—770.

BALTENSPERGER, Max: Die volkswirtschaftliche Quantifizierung des Umweltverzehrs, in: Schweizerische Zeitschrift für Volkswirtschaft und Statistik 1972, S. 405—421.

Bericht der Bundesregierung über die Entwicklung der Finanzhilfen und Steuervergünstigungen für die Jahre 1975 bis 1978 (6. Subventionsbericht), Bundestagsdrucksache 8/1195 vom 17. 11. 1977.

Bericht des Abgeordneten Dr. Althammer vom Bundeshaushaltsausschuß, in: Bundestagsdrucksache V 4378/79, S. 11.

BOMBACH, Gottfried: Staatshaushalt und volkswirtschaftliche Gesamtrechnung, in: Finanzarchiv, NF Bd. 17, 1956, S. 344—371.

— Konsum oder Investitionen für die Zukunft?, in: Aufgabe Zukunft: Qualität des Lebens, Bd. 7: Qualitatives Wachstum, Frankfurt/Main 1972, S. 38—73.

Bundesministerium der Finanzen (Hrsg.), Finanzbericht 1978, Bonn 1977.

Bundesministerium für Wirtschaft (Hrsg.), Leistung in Zahlen '75, Bonn 1976.

Bundesministerium für Wirtschaft und Finanzen (Hrsg.), Gutachten zur Finanzierung eines höheren Staatsanteils am Sozialprodukt, erstattet vom Finanzwissenschaftlichen Beirat beim BMWF, Bonn 1972.

BRAUCHLIN, Emil: Unternehmensphilosophie, in Industrielle Organisation 1/1979, S. 42—46.

BRÜMMERHOFF, Dieter: Produktivität des öffentlichen Sektors, in: Finanzarchiv, NF Bd. 34, 1975/76, S. 226—243.

COLM, Gerhard: Die öffentliche Finanzwirtschaft im Rahmen des Volkseinkommens, in: Allgemeines Statistisches Archiv, Bd. 35, 1951, S. 115—126.

Das Parlament vom 25. 1. 1978, (Auszug aus der Haushaltsdebatte).

Deutscher Beamtenbund (Hrsg.), Die volkswirtschaftliche Bedeutung der öffentlichen Investitionen, Bad Godesberg 1964.

DIEDERICH, Helmut: Allgemeine Betriebswirtschaftslehre I, 5. Auflage, Stuttgart/Berlin/Köln/Mainz 1979.

— Zur Planung öffentlicher Investitionen, in: Albach, Horst/Simon, Hermann, Investitionstheorie und Investitionspolitik privater und öffentlicher Unternehmen, Wiesbaden 1975, S. 39—63.

DÜRR, Ernst: Bildungs- und Forschungspolitik als Mittel der Wachstumspolitik, in: ders. (Hrsg.), Beiträge zur Wirtschafts- und Gesellschaftspolitik, Festschrift für Theodor Pütz, Berlin 1975, S. 287—301.

ECKAUS, Richard S.: Die Bedeutung der Bildung für das Wirtschaftswachstum, in: Hüfner, Klaus (Hrsg.), Bildungsinvestitionen und Wirtschaftswachstum, Stuttgart 1970, S. 67—98.

EICHHORN, Peter: Gesellschaftsbezogene Unternehmensrechnung, Kommission für wirtschaftlichen und sozialen Wandel, Bd. 30, Göttingen 1974.

EWRINGMANN, Dieter: Die Flexibilität öffentlicher Ausgaben, Kommission für wirtschaftlichen und sozialen Wandel, Bd. 81, Göttingen 1975.

Federal Expenditure Policy for Economic Growth and Stability, Hearings before the Subcommittee on Fiscal Policy of the Joint Economic Committee, Congress of the U.S., 85 Congress, First Session, Nov. 18—27, 1957, Washington 1958.

FREUND, Elmar: Die Neugestaltung der Finanzstatistik ab 1970, in: Wirtschaft und Statistik, 11/1970, S. 543—546.

FREY, Bruno: Eine politische Theorie des wirtschaftlichen Wachstums, in Kyklos, Vol. XXI, 1968, S. 70—101.

GANDENBERGER, Otto: Zur Messung der konjunkturellen Wirkungen öffentlicher Haushalte, Wirtschaft und Gesellschaft, Bd. 10, Tübingen 1973.

GERSTER, Max: Die Bewertung von Vermögenskomplexen insbesondere die Bestimmung des Volksvermögens, Zürich/St. Gallen 1964.

Gesellschaft für öffentliche Wirtschaft und Gemeinwirtschaft, Das Investitionsverhalten der öffentlichen Unternehmen, Diskussionsveranstaltung am 17. 3. 1978 in Frankfurt/Main, Referate abgedruckt in Zeitschrift für öffentliche und gemeinwirtschaftliche Unternehmen, Heft 2/1978, S. 61—79.

Haller, Heinz: Einige Gedanken zum Thema: Öffentliche Finanzen im Wirtschaftswachstum, in: Erich Schneider (Hrsg.), Wirtschaftskreislauf und Wirtschaftswachstum, Carl Föhl zum 65. Geburtstag, Tübingen 1966, S. 57—74.

Hamer, Günter u. a.: Revision der Volkswirtschaftlichen Gesamtrechnungen 1960 bis 1976, in: Wirtschaft und Statistik 4/1977, S. 215—239.

Hamm, Walter: Wettbewerb oder Interventionen als Regulativ der Branchenstruktur, in: Cassel, D./Gutmann, G./Thieme, H. J. (Hrsg.), 25 Jahre Marktwirtschaft in der Bundesrepublik Deutschland, Stuttgart 1972, S. 118—131.

Hansen, Andreas: Entwicklung der finanzstatistischen Gesamtübersicht, in: Entwicklung der Aufgaben und Ausgaben von Bund, Ländern und Gemeinden, Schriftenreihe der Hochschule Speyer, Bd. 47, Berlin 1971, S. 143—165.

Hansmeyer, Karl-Heinrich: Der öffentliche Kredit, 2. Auflage, Frankfurt 1970.

Harms, Uwe: Die Forderung eines konstanten Staatsanteils am Bruttosozialprodukt, Veröffentlichungen des HWWA Archivs, Hamburg 1970.

Hax, Karl: Langfristige Finanz- und Investitionsentscheidungen, in: HdW Handbuch der Wirtschaftswissenschaften, Bd. 1, Köln und Opladen 1966, S. 401—489.

Hedtkamp, Günther: Bestimmungsgründe für Umfang und Struktur der öffentlichen Ausgaben, in: Timm, Herbert/Haller, Heinz (Hrsg.), Beiträge zur Theorie der öffentlichen Ausgaben, Schriften des Vereins für Socialpolitik, NF Bd. 47, Berlin 1967, S. 66 bis 103.

Helmert, Otto/König, Herbert: Die Vermögensrechnung des Bundes, 2. Auflage, Berlin 1963.

Hoffmann, Walther G.: Erziehungs- und Forschungsausgaben im wirtschaftlichen Wachstumsprozeß, in: Eine Freundesgabe der Wissenschaft für E. H. Vits., hrsg. von Gerhard Hess, Frankfurt/M. 1963, S. 101—133.

Hüfner, Klaus: Die Entwicklung des Humankapitalkonzepts, in: ders. (Hrsg.), Bildungsinvestitionen und Wirtschaftswachstum, Stuttgart 1970, S. 11—63.

JÖHR, Walter: Zur Frage der Berücksichtigung der Umweltproblematik in der volkswirtschaftlichen Gesamtrechnung, in: Schweizerische Zeitschrift für Volkswirtschaft und Statistik 1972, S. 425 bis 435.

JÜRGENSEN, Harald, Bemerkungen zu Wachstums- und Verteilungseffekten privater und öffentlicher Investitionen, in: Erich Schneider (Hrsg.), Wirtschaftskreislauf und Wirtschaftswachstum, Carl Föhl zum 65. Geburtstag, Tübingen 1966, S. 75—99.

KITTERER, Wolfgang: Die Problematik der Objektbezogenheit des öffentlichen Kredits nach Art. 115 Abs. 1 GG: Zur gegensätzlichen Position von Rechts- und Finanzwissenschaft, in: Die öffentliche Verwaltung 1—2/1975, S. 23—34.

KRAJEWSKI,Günther: Schuldendiensthilfen als Finanzierungsinstrument im öffentlichen Haushalt, Meisenheim am Glan 1975.

KRÜGER-SPITTA, W./BRONK, Horst: Einführung in das Haushaltsrecht und in die Haushaltspolitik, Darmstadt 1973.

KUHN, Arno: Staatliche Finanzhilfen an die gewerbliche Wirtschaft — Eine rechtssystematische Untersuchung —, Dissertation, Mainz 1972.

KULLMER, Lore: Kriterien der Abgrenzung öffentlicher Ausgaben, in: Timm, Herbert/Haller, Heinz (Hrsg.), Beiträge zur Theorie der öffentlichen Ausgaben, Schriften des Vereins für Socialpolitik, NF Bd. 47, Berlin 1967, S. 9—35.

KUPKA, Günther: Methoden der Berechnung der Anlageinvestitionen in den Volkswirtschaftlichen Gesamtrechnungen, in: Wirtschaft und Statistik 12/1977, S. 757—763.

KUZNETS, Simon: Government Product and National Income, in: Lundberg, E. (Hrsg.), Income and Wealth, Series 1, Cambridge 1951, S. 178 ff.

LANG, Eva: Folgekosten öffentlicher Investitionen, in: Wirtschaftsdienst 10, 1978, S. 522—528.

LEIMICH, Peter: Die Vermögensrechnung der öffentlichen Hand, Köln/Berlin/Bonn/München 1968.

LEIPERT, Christian: Unzulänglichkeiten des Sozialprodukts in seiner Eigenschaft als Wohlstandsmaß, Tübingen 1975.

— Revision des Sozialproduktkonzeptes und Wohlstandsmessung — Bemerkungen zu einem Neuansatz zur Messung des wirtschaftlichen Wohlstands, in: Bombach, Gahlen, Ott (Hrsg.), Ausgewählte Probleme der Wachstumspolitik, Tübingen 1976, S. 43 bis 75.

LITTMANN, Konrad: Zunehmende Staatstätigkeit und wirtschaftliche Entwicklung, Köln/Opladen 1957.

MENGERT, Friedrich/KUNERT, Christa/REHM, Johann: Kommunalhaushalt in Schlagworten, Köln 1973.

Ministerium der Finanzen Rheinland-Pfalz (Hrsg.), Folgekosten öffentlicher Investitionen, 2. unveränderte Auflage, Mainz 1975.

MÜLLER-KUTZEY, Peter: Der Einfluß der Vergabeform von Subventionen auf Kapitalwert und optimale Nutzungsdauer einer Investition, Dissertation, Mainz 1977.

NELL, Albert/STEENBOCK, Reimer: Gemeindehaushaltsrecht Rheinland-Pfalz, 2. Auflage, Mainz 1977.

NORDHAUS, William D./TOBIN, James: Is Growth Obsolete?, in: The Measurement of Economic and Social Preference, hrsg. v. Milton Moss, New York 1973.

PATZIG, Werner/TRABER, Theo: Haushaltsrecht des Bundes und der Länder, Bd. 2: Verwaltungsvorschriften, Köln/Berlin/Bonn/München 1970.

PFLEIDERER, Otto: Das Verhältnis von Geld- und Finanzpolitik, in: Haller, Heinz/Albers, Willi (Hrsg.), Probleme der Staatsverschuldung, Schriften des Vereins für Socialpolitik, NF Bd. 61, Berlin 1972, S. 9—17.

PIDUCH, Erwin-Adolf: Kommentar zum Bundeshaushaltsrecht, Bd. 1 und 2, Loseblattsammlung, Stand Januar 1977.

RAABE, Karl-Heinz: Übereinstimmung und Unterschiede in der Definition und Messung der Abschreibungen in betriebswirtschaftlicher und volkswirtschaftlicher Sicht, in: Allgemeines Statistisches Archiv, Bd. 41, München 1957, S. 357—370.

RAHMEYER, Fritz: Ökonomische und politische Hemmnisse einer Erhöhung der Staatsquote, Köln 1975.

RASKE, Winfried: Die kommunalen Investitionen in der Bundesrepublik, Stuttgart/Berlin/Köln/Mainz 1971.

RECKTENWALD, Horst Claus: Kapital- und Investitionshaushalt, in: Jecht, Horst (Hrsg.), Probleme des öffentlichen Budgets, Schriften des Vereins für Socialpolitik, NF Bd. 31, Berlin 1964, S. 73 bis 101.

REUTER, Joachim: Forschungspolitik und Forschungsplanung, Berlin 1970.

RICHTHOFEN, Frhr. von, Karl-Friedrich: Zur Theorie der staatlichen Investitionsplanung, Dissertation, Kiel 1970.

ROSE, Klaus: Grundlagen der Wachstumstheorie, Göttingen 1971.

SABLOTNY, Herbert: Gesamtwirtschaftliche Vermögensrechnung, Dissertation, Frankfurt 1976.

SCHLESINGER, Helmut: Vermögensbildung und Vermögensverteilung in der Bundesrepublik Deutschland, Vortrag, gehalten vor dem Institut für Kapitalmarktforschung an der J. W. v. Goethe-Universität Frankfurt/Main, am 25. 10. 1973, abgedruckt in: Deutsche Bundesbank (Hrsg.), Auszüge aus Presseartikeln, Nr. 83, Frankfurt, 2. 11. 1973.

SCHLIE, Hermann: Die gemeindliche Vermögensvollrechnung und ihre Rechtsgrundlagen, Dissertation, Münster, 1969.

SCHMIDT, Klaus-Dieter: Ergänzung der Volkswirtschaftlichen Gesamtrechnung durch Vermögensrechnungen; zur Frage der Fortentwicklung und Verbesserung des vermögensstatistischen Instrumentariums, Forschungsbericht im Auftrag des Bundesministers für Arbeit und Sozialordnung, Kiel 1971.

SCHMIDT, Klaus-Dieter: Was ist Vermögen?, in: Allgemeines Statistisches Archiv, Bd. 56, 1972, S. 35—49.

SCHMIDT, Kurt: Zur ordnungspolitischen Problematik wachsender Staatsausgaben, in: Timm, Herbert/Haller, Heinz (Hrsg.), Beiträge zur Theorie der öffentlichen Ausgaben, Schriften des Vereins für Socialpolitik, NF Bd. 47, Berlin 1967, S. 126—173.

— Gutachten zu der Auffassung des Rechnungshofes des Landes Rheinland-Pfalz über Begriff und Anwendung der „finanziellen Leistungsfähigkeit" und daraus ableitbare Folgerungen für den Landeshaushalt, 1. Juni 1976, Manuskript.

— Zur Geschichte der Lehre von den Kollektivbedürfnissen, in: Kloten, Norbert u. a. (Hrsg.), Systeme und Methoden in den Wirtschafts- und Sozialwissenschaften, Erwin Beckerath zum 75. Geburtstag, Tübingen 1964, S. 355—362.

SCHMIDT, Kurt/WILLE, Eberhard: Die mehrjährige Finanzplanung, Wunsch und Wirklichkeit, Tübingen 1970.

SCHMIDT-ROUSSELLE, R.: Zur Problematik des verfassungsrechtlichen Begriffs „außerordentlicher Bedarf" (Art. 115 GG), in: Der öffentliche Haushalt, Jahrgang 9, 1967/68, Heft 1, S. 29—33.

SCHMITZ, Wolfgang: Die antizyklische Konjunkturpolitik — eine Illusion, Frankfurt/Main 1976.

SCHNEIDER, Dieter: Investition und Finanzierung, 4., verbesserte Auflage, Opladen 1975.

SCHOENFELD, Hanns-Martin: Die Rechnungslegung über das betriebliche „Human-Vermögen". Eine kritische Betrachtung des Entwicklungsstandes, in: BFuP, 26. Jahrgang, Januar 1974, S. 1—33.

SCHÖRRY, Otto: Artikel Investitionsstatistik, in: Handwörterbuch der Sozialwissenschaften, Bd. 5, Stuttgart, Tübingen, Göttingen 1956, S. 347—354.

SCHRÖDER, Dieter: Die Größenordnung der öffentlichen Ausgaben für die Infrastruktur in der Bundesrepublik Deutschland bis 1985, in: Jochimsen, Reimut/Simonis, Uwe (Hrsg.), Theorie der Infrastrukturpolitik, Schriften des Vereins für Socialpolitik, NF Bd. 54, Berlin 1970, S. 427—458.

SCHULTZ, Theodore W.: Investment in Human Capital, in: American Economic Review, Bd. 51, 1961, S. 1—17.

SCHULZ, Helmut: Neuorientierung der Bildungspolitik, in: Beiträge zur Gesellschafts- und Bildungspolitik des Instituts der deutschen Wirtschaft, 2/1976, S. 19 ff.

SCHWARZ, Horst: Investition, in: Handwörterbuch der Betriebswirtschaft, 4. völlig neu gestaltete Auflage, hrsg. von E. Grochla und W. Wittmann, Bd. I/2, Stuttgart 1976.

SENF, Paul: Die Reform der öffentlichen Haushaltsgebarung zur Erhöhung der Transparenz, in: Haller, Heinz (Hrsg.), Probleme der Haushalts- und Finanzplanung, Schriften des Vereins für Socialpolitik, NF Bd. 52, Berlin 1969, S. 143—174.

SHAFFER, Harry G.: Comment zum Aufsatz von Schultz, Theodore, in: AER, Bd. 51, 1961, S. 1026—1039.

SIEBERT, Horst: Zur Frage der Distributionswirkungen öffentlicher Infrastrukturinvestitionen, in: Jochimsen, Reimut/Simonis, Uwe (Hrsg.), Theorie der Infrastrukturpolitik, Schriften des Vereins für Socialpolitik, NF Bd. 54, Berlin 1970, S. 33—71.

SOMMER, Erdmute: Ansatzpunkte zur Beurteilung der Wachstumswirkungen öffentlicher Investitionen, Dissertation, München 1966.

SURREY, Stanley S.: Pathways to Tax Reform, The Concept of Tax Expenditures, Harvard University Press, Cambridge, Mass., 2. Auflage 1974.

TIMM, Herbert: Staat, Wachstum und Preisniveau, in: Zeitschrift für die gesamte Staatswissenschaft, Bd. 119, 1963, S. 263—282.

UNESCO Reports and Papers in the Social Sciences, No. 30/1974, Social Indicators: problems of definition and selection.

VIALON, Friedrich Karl: Moderne Entwicklungstendenzen des öffentlichen Haushalts in der Bundesrepublik (außerhalb der Gesetzgebung), in: Gegenwartsprobleme des öffentlichen Haushalts, Schriftenreihe der Hochschule Speyer, Bd. 12, Berlin 1962, S. 13 bis 56.

WEBER, Wilhelm: Wachstumseffekte der Staatsausgaben, in: Timm, Herbert/Haller, Heinz (Hrsg.), Beiträge zur Theorie der öffentlichen Ausgaben, Schriften des Vereins für Socialpolitik, NF Bd. 47, Berlin 1967, S. 230—276.

WEIBLEN, Martin: Staatliche Ausbildungsplatzpolitik, Forschungsinstitut für Wirtschaftspolitik, Manuskript, Mainz 1979.

WEIERMAIR, Klaus: Über die Bewertung des betrieblichen Personalkapitals, in: Betriebswirtschaftliche Forschung und Praxis, BFuP, 3/1976, S. 255—269.

Wirtschaftsprüfer-Handbuch 1977, hrsg. vom Institut der Wirtschaftsprüfer in Deutschland e. V., Düsseldorf 1977.

WITTMANN, Walter: Staatliche Aktivität, wirtschaftliche Entwicklung und Preisniveau, Zürich 1965.

WÖHE, Günter: Bilanzierung und Bilanzpolitik, 4., neubearbeitete Auflage, München 1976.

WOLL, Artur: Konkurrenz wirtschaftspolitischer Ziele in der Bildungsindustrie, in: Dürr, Ernst (Hrsg.), Beiträge zur Wirtschafts- und Gesellschaftspolitik, Festschrift für Theodor Pütz, Berlin 1975, S. 275—286.

ZIFFZER, Stefan: Ökonomische Grenzen der staatlichen Kreditaufnahme, Berlin 1980.

ZIMMERMANN, H./HENKE, K.-D.: Einführung in die Finanzwissenschaft, München 1975.

ZIMMERMANN, Horst: Öffentliche Finanzhilfen an Entwicklungsländer, Berlin 1963.

— Der letzte „klassische Deckungsgrundsatz", in: Finanzarchiv, NF Bd. 24, 1965, S. 70—83.

Ohne Verfasserangabe: „Streit um stärkere Haushaltskürzungen. Die Opposition verlangt Entziehungskur", in: Frankfurter Allgemeine Zeitung vom 4. 3. 1977.

— „Investitionszulage verpufft", in: Blick durch die Wirtschaft vom 4. 4. 1977.

— „Auseinandersetzung über die Neuverschuldung des Bundes", in: Frankfurter Allgemeine Zeitung vom 25. 1. 1978.

— „Staatsverschuldung das beherrschende Thema der Haushaltsdebatte", in: Frankfurter Allgemeine Zeitung vom 26. 1. 1978.

Namenverzeichnis

Stichwortverzeichnis

VERÖFFENTLICHUNGEN DES FORSCHUNGSINSTITUTS FÜR WIRTSCHAFTSPOLITIK AN DER UNIVERSITÄT MAINZ

---

1. **Falsch und richtig planen.** Von Erich Welter.
2. **Schiene und Straße.** Von Walter Hamm.
3. **Patient — Arzt — Kasse.** Von Werner Bosch.
4. **Die Saarfrage.** Von Werner Bosch.
5. **Investionslenkung.** Von Ernst-Günter Vetter.
6. **Kollektivmonopole.** Von Werner Fricke.
7. **Die Drucksache.** Von Werner Fricke.
8. **Marktwirtschaft — Befehlswirtschaft.** Von Werner Bosch.
9. **Kollektiveigentum.** Von Walter Hamm.
10. **Der Staat als Kunde.** Von Erich Welter.
11. **Konstruktions- und Entwicklungsaufräge.** Von Armin Gutowski.
12. **Der Kostenpreis bei öffentlichen Aufträgen.** Von Helmut Diederich.
13. **Zentralisierung und Dezentralisierung des öffentlichen Einkaufs.** Von Werner Fricke.
14. **Die Ausschreibung.** Von Otto Gandenberger.
15. **Wirtschaftliche Weinbaupolitik.** Von Armin Gutowski.
16. **Was ist ein Unternehmen?** Von Otto Gandenberger.
17. **Preise als verkehrspolitisches Ordnungsinstrument.** Von Walter Hamm.
18. **Die gemeinwirtschaftlichen Grundsätze in der Tarifpolitik der Deutschen Bundespost.** Von German Wegmann.
19. **Vermögensstreuung.** Von Werner Bosch.
20. **Der Konsument und seine Vertretung.** Von Christa von Braunschweig.
21. **Verkehrspolitik in der SBZ.** Von Horst Demmler.
22. **Branchenbesonderheiten.** Von Hans H. Scheib.

23. **Verkehrswissenschaft.** Von A. F. Napp-Zinn.

24. **Das Finanzmonopol.** Von Otto Gandenberger.

25. **Konjunkturpolitik mit Fernmeldeinvestitionen?** Von Horst Schwedes.

26. **Kapazitätsabbau mit Staatshilfe.** Von Konrad Schulze-Gisevius.

27. **Der Bund am Kapitalmarkt.** Von Horst Schwedes.

28. **Politische Ökonomie staatlicher Preisinterventionen.** Von Dieter Schmidtchen.

29. **Binnenwasserstraßenpolitik.** Von Walter Hamm und Wolfgang Neumann.

30. **Das „Gemeinnützige Unternehmen" als Instrument der Wohnungspolitik.** Von Werner Nowak.

31. **Staatliche Regelungen für Immobilienmakler.** Von Günter Bonnet.

32. **Kassenpraxis und Privatpraxis.** Von Ulf Böge.

33. **Die Arzneimittelversorgung durch Apotheken.** Von Matthias J. Berger.

34. **Staatliche Preisaufsicht in der Kraftverkehrsversicherung.** Von Ulrich Rosenkranz.

35. **Das Arbeitsvermittlungsmonopol.** Von Gisela Rauschhofer.

36. **Der Wettbewerb in der Düngemittelindustrie der Bundesrepublik Deutschland.** Von Bruno Klein.

37. **Dezentrale Vermögensbildungsfonds.** Von Barbara Toillié.

38. **Gemeinschaftsunternehmen und Wettbewerb.** Von Günther M. Ackermann.

39. **Die Wettbewerbsverhältnisse auf dem Markt für elektronische Datenverarbeitungsanlagen in der Bundesrepublik Deutschland.** Von Andreas Rösner.

40. **Ausschließlichkeitsbindungen im Treibstoffvertrieb.** Von Ulrich Lange.

41. **Wettbewerb und Kapazitätsanpassung.** Von Klaus Opitz.

42. **Ökonomische Grenzen der staatlichen Kreditaufnahme.** Von Stefan Ziffzer.

Die Bände 1 bis 24 sind im Verlag Quelle & Meyer, Heidelberg, erschienen. Ab Band 25 erscheint die Schriftenreihe im Verlag Duncker & Humblot, Berlin.